한국현대사인물연구 2

한국현대사의 재인식 17

한국현대사인물연구 2

한국정신문화연구원 편

조동걸
도진순
윤덕영

1999
백산서당

Rethinking Modern Korean History 17
The Analysis of the People in the Modern History of Korea 2

Cho Dong - Geol
(Professor, Kookmin University)

Doh Jin-Soon
(Associate Professor, Changwon National University)

Yoon Duk-Young
(Research Fellow, National History Compilation Committee)

1999
Baiksan-Seodang Publishing

발 간 사

　우리 사회가 민주화되기 이전에는 한국현대사도 굴절되게 인식되어 온 점이 적지 않았다. 그것은 집권자측이건 아니면 이를 비판하는 측이건 대개는 자기의 이해관계에 따라 이데올로기적으로 접근했기 때문이다. 한편에서는 자기를 미화하기에 급급했고, 한편에서는 마르크스주의나 종속이론 등 외국의 이론과 개념을 빌려 이를 어줍지 않게 우리 사회에 적용하는 우를 범하기도 했다. 남북이 대치하고 있는 상황에서 금기도 상당 부분 있었고 자료의 한계도 있었다.
　또한 우리에게는 한 개 내지는 수 개의 어떤 개념을 가지고 그것에 치우쳐 사회를 설명하고 그로부터 실천적 과제를 도출했던 과거도 있었다. 하지만, 사물을 바로 본다는 것은 사실을 사실 그대로 보는 것이다. 그것은 긴 시간을 통해 이루어지는 것이겠지만, 결국은 치우침 없이 사물을 보는 것이다.
　과한 것은 미치지 못하는 것만 못하다는 중용(中庸)의 철학은 원래는 인간의 올바른 처신의 문제로부터 시작되었지만, 이를 확장시키면 사회를 보는 시각에도 적용이 될 수 있을 것 같다.
　각 사회는 저마다 고유한 특성이 있게 마련이다. 이제 우리도 남의 시각, 남의 말이 아니라 우리 자신의 시각을 가지고 우리 자신의 말로 우리 사회를 말할 수 있어야 한다. 한국사회가 성숙한 사회로 발전하는 데 있어서 이것은 필수적인 요소다. 또한 국민국가의 틀을 넘어 지구촌사회를 향해 나아갈수록 오히려 다양성과 민족적 정체성을 함께 아우르는 작업이 더욱 중요하다.

한국사회는 반만년의 역사와 전통을 가지고 있고 그만큼 한국사회는 자체 고유한 특성을 가지고 있다. 남의 나라의 개념이나 이론을 가지고는 설명할 수 없는 특징이 있는 것이다. 이것을 밝히고 이것을 우리의 말로 표현할 수 있을 때 우리는 진정한 의미에서 우리 자신의 문화를 갖게 되는 것이다. 지금 우리에게 요구되는 작업은 바로 이것이라고 할 수 있다.

한국정신문화연구원에서는 이러한 작업의 일환으로 그 동안 진행돼 온 한국현대사 연구를 정리해 보기로 했다. 1945년 해방에서 1960년까지를 다룬 이미 출간된 1차분 6권에 이어 이제 1960년대와 1970년대를 다룬 12권의 책을 출간하게 되었다.

여기에 실린 글들은 우선 방대한 자료를 가지고 사실 자체에 근거해서 분석했다는 특징이 있다. 그런 점에서 과거와 같은 이데올로기성에서는 완전히 자유로워졌다고 할 수 있다. 다음으로 아직 한국현대사의 전체적인 상을 그리기에는 미흡한 점이 있지만 우리 현대사의 상이 부분적으로는 상당한 정도 제시되고 있다는 특징이 있다. 이러한 작업이 조금만 더 진척되면 우리 모두가 공감할 수 있는 상을 그릴 수도 있지 않을까 하는 기대도 해 본다.

이 작업의 연구성과들이 향후 한국현대사의 연구에 조그마한 밑거름이 되었으면 하는 마음 간절하다.

1999. 10.

한국정신문화연구원장 한 상 진

차 례

▷ 발간사

조소앙의 생애와 민족운동 —— 삼균주의와 사회민주주의 사상의 형성을 중심
으로 ·· 조동걸 / 11
1. 머 리 말 ·· 11
   1) 문제의 제기 ·· 11
   2) 초기의 사회주의 지향성 ·· 16
3. 유럽 외교활동과 사회민주주의노선의 모색 ···························· 25
4. 삼균주의의 제창과 사회민주주의의 정착 ································ 28
5. 임시정부 건국강령의 성격 ·· 33
   1) 건국강령의 요지 ·· 33
   2) 건국강령의 이론과 특징 ·· 37
6. 해방 후 사회당의 창당이념 ·· 42
7. 맺 음 말 ·· 47

해방전후 신익희의 노선과 활동 ··· 도진순 / 53
1. 머 리 말 ··· 53
2. 한말·일제하의 신익희 ··· 55
   1) 전통 가정에서 근대 민족운동으로 ·· 55
   2) 3·1운동과 상해임시정부 참여 ·· 59
   3) 임정 밖에서의 민족운동 ··· 63
      (1) 중국국민당에 대한 기대 ··· 63
      (2) 한국혁명당 ·· 64
      (3) 신한독립당 ·· 66
      (4) 민족혁명당 ·· 68
   4) 중경임시정부의 내무부장 ··· 74
3. 해방 이후의 신익희 ·· 76
   1) 이승만과 김구 사이 ·· 76
   2) 정부수립과 국회의장 ·· 84
   3) 야당지도자와 대통령후보 ··· 88
4. 맺 음 말 ··· 94

고하 송진우의 생애와 활동 ··· 윤덕영 / 103
1. 머 리 말 ·· 103
2. 사상형성의 과정과 3·1운동 ··· 105
   1) 초기 수학과정 ·· 105
   2) 일본유학과 민주주의사상의 형성 ··· 109
   3) 3·1운동 참여와 그 영향 ·· 114
3. 일제침략하 정치·사회활동 ··· 118
   1) <동아일보>와 실력양성운동 ·· 118
   2) 자치론과 고하 ·· 122

3) 1930년대 민족주의 문화운동 ·· 134
4. 해방 전후의 정국인식과 정치활동 ·· 138
  1) 해방정국의 인식과 국민대회준비회 결성 ································· 138
  2) 정치활동과 모스크바삼상 결정 ·· 146
5. 맺음말 ·· 162

조소앙의 생애와 민족운동
—— 삼균주의와 사회민주주의 사상의 형성을 중심으로 ——

조 동 걸

1. 머리말

1) 문제의 제기

조소앙에 대한 연구 가운데 가장 관심이 가는 문제가 그의 삼균주의와 사회주의사상이다. 지금까지 조소앙에 대한 연구는 그의 생애나 민족운동과 사상에 대하여 많은 논문이 발표되어 있는데,[1] 그의 사회민주주의 사상의 '형성문제'에 대하여 추적한

---
1) 조소앙에 대한 연구는 주로 삼균학회에서 간행한 『三均主義硏究論集』

논문은 없다. 그리하여 이 글에서는 그 점을 규명해 보고자 한다.

조소앙(1887~1958?)은 전통적인 유가에서 태어나 가학으로 공부하고 1902년 성균관에 입학했다가 1904년 관비유학생으로 선발되어 일본으로 건너가 1912년까지 8년간, 동경부립제일중학교, 정칙영어학교, 명치대학 법과를 마쳤다. 일본유학 당시에 기독교에 입교했는데, 유학을 마치고 나서 1913년부터 망명길에 올라 중국에서 새로운 사상과 문화를 접하면서 1914년에 기독교를 초월한 단군·공자·예수·석가모니·마호메트·소크라테스 등의 여섯 성자를 아우르는 육성교(六聖敎)를 제창했다. 1917년에는 상해에서 신규식과 함께 조선사회당을 창당하고 '대동단결선언'을 국내외에 반포하여 임시정부 수립을 기도한 바 있었다. 1919년에는 3·1운동과 더불어 만주 길림에서 '대한독립선언'을 기초했다. 이어 상해로 옮겨 같은 해 대한민국 임시정부 수립에 참획하여 임시헌장을 기초한 후, 그해부터 2년간 조선사회당을 대표하여 프랑스, 스위스, 네덜란드, 영국, 독일, 발틱 3국, 소련 등, 유럽 무대에서 활동했다. 유럽의 행적을 통하여 조소앙이 사회주의를 표방하고 있었다는 것을 알 수 있다. 사회주의를 표방하면서도 사회민주주의를 표방한 것을 알 수 있다.

1921년에 상해로 돌아와 1935년까지 임시정부 각료나 의정원 의원으로 활동했다. 1935년 임시정부와 결별했다가 1940년에 복귀했는데 그 동안에는 한국독립당을 이끌어 나갔다. 그와 같이 조소앙은 유럽에서 활동한 2년간을 제외하면 줄곧 중국대륙에서

1~18집(1983~1998)을 통하여 발표된 외에 다음과 같은 자료집이 간행되었다. 三均學會, 『素昻先生文集』 상·하, 횃불사, 1979. 姜萬吉 編, 『趙素昻』, 한길사, 1982. 趙素昻, 『遺芳集』, 아세아문화사, 1992. 한국정신문화연구원, 『韓國獨立運動資料集 —— 趙素昻編』 1~4, 1995~1997.

독립운동에 헌신한 민족운동가이다. 1930년에는 한국독립당을 창당하고 한국독립당 당강으로 삼균주의를 제창했다. 삼균주의는 토지국유화를 규정하는 등 사회민주주의 성향의 이념을 겨냥한 한국적 별칭이었다. 그것이 대외적으로 공표되기는 이듬해였다.

1932년 윤봉길의 상해의거를 계기로 임시정부가 항주로 이전할 때 소앙도 항주로 가서 한국독립당을 지키고 키우다가 1935년에는 통일전선운동의 일환으로 추진되어 좌파연합체로 결성한 민족혁명당(남경)에 합류함으로써 임시정부와 인연을 끊고 한국독립당을 해체했다. 그러나 곧이어 민족혁명당을 탈퇴하여 한국독립당을 재건했다. 그것을 재건 한국독립당이라 한다. 1937년 중일전쟁이 발발하자, 남경에서 김구의 한국국민당과 이청천의 조선혁명당과 제휴하여 우파연합체로서 한국독립운동단체연합회(民族戰線)를 결성하고 전시체제를 준비했다. 1939년에 다시 통일전선운동을 일으켜 기강(綦江)에서 우파의 한국국민당(김구), 한국독립당(조소앙), 조선혁명당(이청천), 좌파의 민족혁명당(김규식, 김원봉), 조선민족해방동맹(김성숙), 조선청년전위동맹(신익희), 조선혁명자연맹(유자명) 등에 의한 7당회의, 7당회의가 김성숙·신익희의 단체중심 연합의 주장으로 결렬된 후에는 그를 제외한 5당회의를, 5당회의에서 민족혁명당과 조선혁명자연맹이 이탈한 후에는 우파 3당으로 합당을 추진하여 1940년에 중경에서 통합 한국독립당을 결성하여 임시정부를 주도해 나갔다. 조소앙이 1935년에 임시정부를 떠난 뒤에 이때서야 비로소 복귀한 것이다. 이때 비로소 복귀한 것을 보면 조소앙을 임시정부의 주류 인사라고 말할 수는 없다. 그러한 조소앙이었으므로 해방 후에 독자노선을 추구했던 것이 이상하지 않았다.

임시정부에 복귀한 조소앙은 외교부장으로 임시정부 외교를 전담하여 활약했고, 1931년에 대외적으로 표명한 삼균주의를 구체화하여 임시정부 건국강령을 체계화했다.

해방 후에도 임시정부 외교부장으로 활약하면서 김구와 함께 신탁통치 반대운동과 단독정부수립 반대운동에 혼신의 힘을 쏟다가 남북협상을 위하여 1948년에는 평양의 남북지도자연석회의에 참석했다. 돌아와서는 김구의 한국독립당과 결별하고 사회당을 창당하고 1950년 5·30선거를 통하여 대한민국 국회에 참여한 정치인이기도 했다. 6·25남북전쟁 때 납북되어 북한에서 작고했다. 냉전체제와 남북분단의 희생자이다.

그런데 단독정부수립에 반대하여 남북지도자연석회의까지 참석한 그가 남한으로 돌아와서는 단독정부 참정을 주장하며 1948년 12월에는 사회당을 창당하고 1950년에는 남한국회에 동참했다. 북한과 이념적으로 가까울 수 있는 사회당을 창당하고 남한 정국에 참여한 것이 또 다시 주목을 끈다. 사회주의와 대결하던 남한에 잔류하면서 사회주의노선을 고집한 것을 보면 조소앙의 사회주의에 대한 집념은 남달리 철저했던 반면, 남북지도자연석회의 때 북한에 잔류하지 않은 것을 보면 사회주의자이기는 해도 공산주의에는 동조하지 않았던 것도 분명하다. 남한체제 내에서 진보정당을 표방한 선구적인 정치인으로 이해된다.

역사적으로 한국인의 사회주의 운동조직을 가장 먼저 결성했던 사람이 조소앙이었다. 그것이 1917년 상해에서 신규식과 더불어 결성한 조선사회당이었다. 흔히 외교용 전단조직이었다고 하지만,[2] 조소앙이 1919년부터 유럽에서 활동하면서 조선사회당의

---

[2] 일반적으로는 1918년 러시아 아무르(黑龍)주의 하바로프스크(花發浦·迫力)에서 金 알렉산드라 스탄케비치와 李東輝가 결성한 한인사회

이름을 사용했던 것을 보면, 단순한 전단정당이 아니었다는 것을 알 수 있다. 그리고 조소앙이 작성한 1917년의 '대동단결선언'(상해)과 1919년의 '대한독립선언서'(길림)에 사회주의 지향성을 나타내고 있었던 것을 보면, 명의상의 편의물이 아니라 이념조직이었다는 것도 알 수 있다. 이와 같이 보면 조소앙은 사회주의이념을 개척한 지도자였다. 그리고 그가 1950년 납북될 때는 사회당 당수였다. 그렇다면 조소앙은 1917년부터 1950년까지 변함없이 사회주의운동에 헌신하고 고집한 사상가요 외길 정치인으로서 유례가 드문 인물이었다.3)

그러한 조소앙의 사회주의사상은 어떻게 형성되었고 과연 어떤 성격의 사상이었던가? 또 그러한 사회주의를 중국 관내 독립운동단체 가운데 우파조직인 한국독립당이나 임시정부에서 어떻게 유지·발전시켜 왔던가? 그리고 1948년에 소앙이 남북연석회의에 참석한 후 한국독립당을 탈당하고 사회당을 결성할 때 삼균주의는 어떻게 변하고 있었던가? 그것이 이 글에서 규명해 보고자 하는 내용이다.

　　　당이 최초의 것으로 이야기한다. 1917년의 조선사회당은 신규식과 조소앙의 사조직성이 강하여 전단조직 정도로 이해하고, 1918년의 한인사회당은 공산주의이념에 동조하는 다수 인원이 정당결성 절차를 밟아 탄생했기 때문에 한인사회당을 사회주의정당의 효시로 이야기해 왔다.
3) 韓詩俊, "解題,"『韓國獨立運動資料集 — 趙素昂篇』 (1)·(2)·(3)·(4), 한국정신문화연구원, 1995~1997.

2) 초기의 사회주의 지향성

조소앙의 초기 사상을 나타내 주는 글은 일본 유학기간에 발표한 글들이다. 그때 글들의 논지에서 가지고 있는 특징은 민기와 민권의 강조, 신한국(입헌주의)의 개혁, 민족주의(국수주의)와 도덕주의, 그리고 일관주의를 주장한 것이었다고 간추릴 수 있다.4) 당시 유학생들의 글을 보면 일반적으로 근대주의와 사회진화론 그리고 실용주의를 강조한 것이 많았다. 그런데 소앙의 경우는 다소 달랐다. 민기와 민권의 강조나5) 민족주의 경향은 같았

---

4) 유학시절에 발표한 글들은 『大韓興學報』에 집중 게재되었는데 다음과 같았다(『素昻先生文集』下, 삼균학회, 1979, pp.207-239).
  ○ "新韓國人은 新韓國熱을 要할진뎌"(1909년 3월, 『大韓興學報』제1호)
  ○ "學生論"(1909년 6월, 『大韓興學報』제4호)
  ○ "北關大捷碑事件에 對하야 我의 所感"(1909년 7월, 『大韓興學報』제5호)
  ○ "會員諸君"(1909년 11월, 『大韓興學報』제7호)
  ○ "歲己酉終에 舊韓을 送함"(1909년 12월, 『大韓興學報』제8호)
  ○ "甲辰以後 列國大勢의 變動을 論함"(1910년 2월 20일, 『大韓興學報』제10호)
  * 그 외에 유학일기인 『東遊略抄』에 실려 있는 평론이 많다.
5) 조소앙의 초기 글에는 '民氣'가 강조되어 있는데, 명치대학 법과에 입학한 후에는 '民權'을 강조하고 있다(韓詩俊, "조소앙의 역사의식," 『三均主義論選』, 三均學會, 1990, p.70). 그것은 법학도로서의 특징을 보여주는 것이 아닌가 한다. 그리고 민기는 조소앙이 동경에서도 구독하고 있던 <大韓每日申報>에 1908년 7월부터 연재되던 신채호의 "讀

다고 하더라도 소앙은 사회진화론의 현실은 인정하면서도 그에 함몰하지 않고 도덕주의 지향성을 보여주었고, 실용주의적 변화보다는 정신철학의 중요성과 일관주의를 강조하고 있었다. 그러한 생각은 조소앙이 역사에서 국수(國粹: 국민정신)를 찾으려고 한 역사에 대한 향념의 소산이기도 했다.6) 소앙의 역사 향념은 그가 평소에 역사에 관한 글을 많이 쓰고 있었던 것으로도 알 수 있지만, 후술하는 바와 같이 소앙사상의 핵심을 이루는 삼균주의이론도 그 원천을 역사에서 찾고 있다는 것을 통해서도 알 수 있다. 그리고 소앙의 특수이론인 고유주권설도 역사에 뿌리를 두고 있는 이론이었다.7)

이때 조소앙은 아직 사회주의를 이해하고 있었던 것 같지는 않다. 그의 1909년 "개인주의와 사회주의"란 글은 개인중심주의와 사회중심주의, 즉 멸사봉공 방식으로 해석하고 있을 뿐이었다.8) 초기의 글 가운데 독특한 것은 1914년에 작성한(1915년 발

史新論"의 영향을 받은 것 같기도 하다. 신채호와는 유학을 떠나기 전에 친숙하던 사이였고, 동경 유학시절의 일기인 『東遊略抄』를 보면 <大韓每日申報>를 읽고 있었다는 것을 알 수 있다.

6) 『東遊略抄』를 보면 조소앙은 '本國史'의 저술을 수시로 구독하고 있었다는 것을 알 수 있다. 그리고 소앙은 역사에 대한 향념이 남달랐다는 것은 앞에 소개한 소앙의 글, "學生論"이나 "北關大捷碑事件에 대하야 我의 所感"에 잘 나타나 있다(한시준, 앞의 글, pp.72-75).

7) 소앙의 固有主權說은 1917년의 '大同團結宣言'과 1919년의 '大韓獨立宣言'을 통하여 주장된 것이다(조동걸, "임시정부수립을 위한 1917년의 '대동단결선언'" 및 "3·1운동의 이념과 사상," 『韓國民族主義의 成立과 獨立運動史硏究』, 지식산업사, 1989).

8) 趙素昻, "會員諸君," 『大韓興學報』 7, 1909년 11월; 『素昻先生文集』 하, 삼균학회, 1979, p.220.

표) 육성교(六聖敎)에 관한 것이다.9) 육성교란 영부(靈父) 하나님과 그의 메시아로서 진인(眞人)인 6성자(단군, 석가모니, 공자, 소크라테스, 예수, 마호메트)를 믿는 종교로 소앙 자신이 창시한 것이다.10) 여기서 본 연구와 관계된 것으로 몇 가지를 주목하게 된다. 하나는 일신교적 유신론이다. 유일신의 '하나님'은 "즉 하나님 '천'(天)이니 '너의 천성(天性)에 귀순함이 즉 천의(天意)에 합당함이요 '너의 천성(天性)은 본능으로 충동으로 종교성을 요구하며 포유하얏나니"11)라고 인간의 본성을 하나님의 천성에 두고 있다. 유일신인 동양의 하나님(天主)이나 기독교의 여호와 신이나 이슬람교의 알라 신이 모두 다른 존재가 아니고 하나라고 생각한 것 같다. 거기에서 후일의 소앙사상과 관련해서 유신론과 인간의 본성은 천성이라는 성선설을 주장하고 있던 것은 기억해 두어야 할 것 같다. 다음에 주목할 것은 천자(天子)인 6성자는 동서양의 성인군자를 망라하고 있는데, 거기에서 세계주의적 구상을 표방하면서도 단군을 수위에 놓고 있는 한국민족주의가 포석되어 있는 점이다. 이와 같이 그 타당성 여부와 상관없이 육성교는 일신교, 성선설, 민족주의, 세계주의가 동시에 온축된 사상으로 이해할 수 있다.

소앙은 유교이상주의 가정에서 태어나 가학으로 어린 시절을

---

9) 嘯卬, "學之光에 寄함,"『學之光』4(1915년 2월 27일), p.7(글의 말미에 '4월 8일稿'라고 밝혀진 것으로 보면 1914년에 쓴 글로 보아야 할 것이다).

10) 六聖敎를 一神敎라고도 하나(삼균학회,『素昻先生文集』상, p.342) 一神敎는 多神敎의 대칭인 일반 용어도 되기 때문에 특징을 살려 六聖敎라고도 한다.

11) 앞의 글, p.9.

보냈다. 가정의 유교이상주의가 어느 정도였던가는 소앙 형제의 이름이 항렬 다음에 유교이상주의 시기인 중국의 하·은·주의 이름을 따서 용하(鏞夏), 용은(鏞殷), 용주(鏞周), 용한(鏞漢), 용진 (鏞晉), 그리고 용원(鏞元) 등으로 작명하고 있는 데서 알 수 있다.12) 소앙이 일본유학 도중인 1911년 10월 22일에 일본에서 서 (徐)목사와 전(全德基)목사로부터 세례를 받고,13) 또 동경의 조선 기독교청년회관에 출입하며 기독교 민족운동에 참여하고 있었던 것을 유학중의 일기를 통하여 알 수 있다.14) 중국으로 망명한 1913년부터는 간도지방이나 상해·남경 등지의 동포사회에서 때마침 활발하게 일어나고 있던 대종교(大倧敎)의 영향을 강하게 받았다. 중국에서 소앙이 자주 만나던 신규식, 박은식, 신채호, 이동녕 등의 민족지도자가 곳곳에 시교당을 짓고 대종교를 홍보하고 있던 때라는 점을 생각하면 소앙이 망명지 중국에서 대종교의 영향을 받았다는 것은 이상할 것이 없다.

이와 같이 유교·기독교·대종교를 직접 경험하고, 불교·이슬람교와 소크라테스 철학을 간접 경험하면서 1914년부터는 육성

---

12) 鏞晉 다음에 鏞元이라 작명한 것에 주목이 간다. 왜 鏞宋이라 하지 않았던가 의문이다. 조선 성리학자들이 특별히 숭상하던 宋나라의 이름을 빠뜨린 이유가 어디에 있었던지 간에 소앙의 가학은 先秦儒學 또는 漢儒學은 높이면서 宋儒學, 즉 朱子學(성리학)은 크게 중시하지 않았다는 것을 간접적으로 시사한다고 보아 무리가 아닐 것이다.

13) 趙素昻, 『東遊略抄』(留學日誌), 1911년 10월 22일조; 『素昻先生文集』 하, 삼균학회, 1979, p.450(같은 책, p.486의 "年譜"에는 1910년에 세례를 받았다고 잘못 기재되어 있다).

14) 기독교 세례를 받은 1911년과 1912년에도 "日誌"의 연초에 예수 기원(西紀)과 檀君과 孔子의 기원 연기를 병기했고, 또 교회 출입이 잦지 않았던 것을 보면, 신앙에 몰입하고 있었던 것 같지는 않다.

교를 제창했던 것이다. 1914년 4월 8일(자신의 생일)에 중국에서 탈고하여 일본 대한흥학회(大韓興學會) 후배들에게 보낸 "學之光에 寄함"이라는 글은 육성교를 전도하는 글이다. 이 글에서 특별히 관심이 가는 것은 조국이 식민지로 전락한 마당에 사람들이 이렇게 악할 수 있는가 하고 생각하며 가질 법한 성악설이 아니라 성선설을, 제국주의시대에 하나님이 있다면 세상이 이럴 수가 있는가 하고 생각하며 가질 법한 무신론이 아니라 유신론을, 망국인의 처지에서 복수심이 넘친 나머지 함몰할 법한 국수주의가 아니라 보편적 민족주의에 시동을 걸고 있다는 점이다. 이러한 성선설과 유신론과 보편주의가 소앙사상의 기저를 이루고 있다고 생각해 두는 것이 다음의 삼균주의와 소앙의 사회주의를 이해하는 데 도움이 될 것 같다.

그리고 소앙은 '대동'(大同)이라는 용어를 즐겨 사용했다. 대동사상은 중국 전통사상에서 유래한 것인데 근대에는 강유위, 양계초 등의 중국 근대개혁론에서 다시 부상한 것이다.[15] 한국에서는 구한말에 박은식이 대동교(大同敎)를 제창한 데서 본격적으로 주목을 받았다.[16] 소앙의 경우에 언제 수용했던가는 분명하지 않으나 1913년에 상해로 망명하여 동생 용주와 함께 중국 인사와 아세아민족반일대동당(亞細亞民族反日大同黨)을 결성했던 것을 보면[17] 진작부터 수용하고 있었던 것으로 보인다. 이러한 대동사상

---

15) 閔斗基, "康有爲의 改革運動과 孔敎,"『歷史敎育』 36, 역사교육연구회, p.33; 陳正炎·林其錟, 李成珪 역, 『中國大同思想硏究』, 지식산업사, 1990.

16) 朴殷植(大同敎會 宗敎部長), "孔夫子誕辰紀念講演(1909),"『西北學會月報』 1~17호.

17) 三均學會, 『素昻先生文集』 下, 1979, p.487.

은 1915년 박은식, 신규식을 중심으로 한 대동보국단(大同輔國團)으로, 또 1917년 신규식, 조소앙 등의 대동단결선언(大同團結宣言)으로 이어지고 있다. 그런데 여기서 '대동'의 의미는 대동사상을 처음으로 노래했다고 하는 『시경』(詩經) 이래 동양권에서 전통시대에 내려오던 몽롱한 이상주의를 뜻할 가능성이 있다. 그렇다고 해도 그런 이상주의가 근대사상으로 발전할 가능성을 외면해서는 안 될 것이다.

1917년 7월의 '대동단결선언'은 신규식을 비롯하여 14명의 명의로 발표된 것으로 조소앙이 기초한 것이다. 그 내용은 고유주권설(주권불멸론)[18]에 근거하여 임시정부수립을 위한 독립운동자총회를 개최하자는 것이다.[19] 그 선언에서 만국사회당을 거론하고 있으며(9쪽), 해외동포 100만명이 평균 반원(半圓)씩 내면 50만원이 되는데, 그것을 자금으로 "彼 신지케이트(Syndicate) 알니안스(Alliance)의 유행이 合衆力의 效用을 先覺 實行함이라── 煦沫로 相滋하며 麗澤으로 相賁하야 一大 有機體를 造成하야 大法人의 元氣를 충실히 함양할 것이니 此난 經濟로 同結(大同團結: 필자)의

---

[18] 固有主權說은 1917년의 大同團結宣言과 1919년의 大韓獨立宣言書에서 주장되고 있는데 1917년의 표현은 다음과 같았다.

"隆熙皇帝가 三寶를 포기한 8월 29일은 卽 吾人 同志가 三寶를 계승한 8월 29일이니 其間에 순간도 停息이 무함이라 吾人 同志난 완전한 상속자니 彼 帝權 消滅의 時가 卽 民權 發生의 時오 舊韓 최종의 一日은 卽 新韓 최초의 一日이니 何以故오 我韓은 無始 以來로 韓人의 韓이오 非韓人의 韓이 아니라 韓人間의 主權 授受난 역사상 불문법의 國憲이오 非韓人에게 主權 讓與난 근본적 無效오."

[19] 趙東杰, "臨時政府樹立을 위한 1917년의 '大同團結宣言'," 『韓國學論叢』 9, 국민대, 1987; 『韓國民族主義의 成立과 獨立運動史研究』(지식산업사, 1989, 재수록), p.314.

要를 言함이라"(6쪽)라고 조합주의적 구상을 하고 있었다. 이것도 대동사상에 기초한 이상주의일 수 있을 것이다.

거기에서 말한 만국사회당은 1917년 8월 스톡홀름에서 개최된 국제사회당대회를 가리키는 것이다. 신규식, 조소앙은 조선사회당 명의로 국제사회당대회에 조선독립에 관한 전문을 발송하고[20] 참석하려고 했으나 여권문제로 뜻을 이루지 못했다. 여기에서 주목할 것은 조선사회당이 탄생한 것과 1914년 제2인터내셔널이 해체된 후, 반전주의자(사회주의 좌파)들이[21] 제1(1915), 제2(1916)팀멜와르트대회에 이어 제3팀멜와르트대회로 개최한 스톡홀름대회에 문서를 전달하고 있다는 사실이다. 즉 1917년의 조소앙은 사회주의 지향성이 대단히 왕성했다. 이것은 러시아 볼셰비키혁명이 일어나기 두 달 전의 일이었다.

그러한 소앙의 사회주의 지향성은 1919년 길림에서 발표된 '대한독립선언서'(大韓獨立宣言書)에서도 나타난다. 선언서의 내용은 고유주권설부터 1917년의 '대동단결선언'과 비슷한 점이 많으나 보다 더 구체적이다.[22] 세계적으로 민족평등(民族平等)과 평균천하(平均天下)와 대동평화(大同平和)를 외치며, 나라 안에서는 남녀동권(男女同權), 빈부동부(貧富同富), 지우등현(智愚等賢), 노유

---

20) 大正 6년(1917) 9월 3일, "公第481號 在瑞典特命全權公使 三浦治五郎의 報告文"(姜德相, 『現代史資料』 25, p.29). 鄭用大, '趙素昂의 유럽 외교활동의 연구," 『三均主義論選』, 三均學會, 1990, p.233 및 p.243의 주 12.

21) 스톡홀름대회가 반전주의자들의 모임이라는 것은 대회결의가 대중혁명으로 대전 종결을 결의했다는 사실로 확인된다.

22) 趙東杰, "3·1運動의 理念과 思想," 『韓國民族主義의 成立과 獨立運動史研究』, p.393.

등수(老幼等壽)의 사균(四均)사회를 표방하고 있는 것은 새로운 주장이었다.23) 이것은 후일 삼균주의 제창을 예고하는 문건이기도 했다. 그와 같은 균등주의를 기초하여 같은 해 상해에서 발표된 대한민국 임시정부 임시헌장 제3조에서 "男女, 貴賤 及 貧富의 階級이 無하고 一切 平等임"이라고 규정했다. 삼균주의의 다른 일면인 인균(人均), 국균(國均), 족균(族均)의 논리는 임시헌장과 함께 발표한 선언문 정강 제1항에서 민족평등, 국가평등, 인류평등을 선언한 데서 직접적인 근거를 찾아볼 수 있다.

이러한 주장은 유학시절 세계정세의 이해와 일본 사회주의운동을 직·간접으로 관찰하면서, 중국 신해혁명의 진행과 손문의 삼민주의 주장을 현지에서 주시하면서, 세계에서 사회민주주의 원리를 헌법에 최초로 반영한 1919년 2월 독일 바이마르헌법의 소식을 들으면서 정리한 주장이었을 것이나, 노유등수(老幼等壽) 같은 건강권 문제를 제기한 것으로 보아 1917년 볼셰비키혁명의 영향도 적지 않게 빚었던 것으로 생각된다.

당시의 독립운동자들이 거의 미국 일변도로 관심을 쏟고 있던 때에 그와는 달리 소앙은 중국과 유럽 쪽에 보다 더 관심을 돌리고 있었다.24) 그러다 보니 당시 유럽 지성계에 크게 부상하고

---

23) 大韓獨立宣言書에 다음과 같이 표현되어 있다.

"我大衆아 公義로 독립한 자는 公義로 진행할지라 一切 方便으로 軍國 專制를 剷除하야 민족 평등을 全球에 普施할지니 此는 我 獨立의 第一義요 武力 兼倂을 근절하야 평균 천하의 公道로 進行할지니 此는 我 獨立의 本領이요 密盟 私戰을 엄금하고 大同 平和를 선전할지니 此는 我 復國의 사명이요 同權 同富로 일체 동포에 施하야 男女 貧富를 齊하며 等賢 等壽로 智愚 老幼에 均하야 四海 人類를 度할지니 此는 我 立國의 旗幟오."

있던 사회주의에 경도되어 간 것이 아닌가 한다. 거기에는 아마도 대한제국의 독일주재 공사관에 근무한 소앙의 백씨 조용하(趙鏞夏)의 계몽적 영향이 컸던 것으로 추측된다. 조용하는 1902년부터 독일공사관의 서기와 삼등서기관을 역임하면서 1906년 초까지 독일에 주재했다.25) 그때의 독일에는 사회민주당이 제2인터내셔널을 주도할 정도로 사회민주주의 사조가 고조되고 있었다. 그러한 사실을 목격한 용하가 남달리 우애가 돈독했던 형제간이었으므로26) 동생 용은(소앙)에게 자상하게 일러주었을 것은 추측하기 어렵지 않다. 당시의 지식청년들이 거의 미국에 대한 관심이 높았던 것에 비하여 소앙은 유럽에 대한 관심이 높아 1919년부터 2년간을 유럽에 머물었던 것도 우연이 아닐 것으로 이해된다.

이와 같이 조소앙은 1919년 초까지 도덕주의, 일관주의, 민족주의, 세계주의, 성선설, 유신론 등의 철학적 사고를 기초로 육성교 - 대동사상 - 사회주의로 이어진 순서를 밟으며 한국인으로서는 사회주의사상을 선구적으로 수용·개척하고 있었던 것으로 이해된다. 그 사상은 일기장에나 나타나는 내면적인 사상에 그친

---

24) 1909년 『大韓興學報』 제7호에 실린 "會員諸君"이라는 글에는 재미동포가 '赤手空拳으로 萬里海洋을 渡하야' 國民會를 결성하고 『新韓民報』와 『新韓國報』를 간행하며 구국운동을 전개하고 있는 사실을 크게 찬양하고 있는 것을 보면, 미국 방면의 정보에도 관심을 가지고 있었다는 것을 알 수 있다.

25) 李卓, "求心 趙鏞夏의 略傳," 『三均主義研究論集』 14, 삼균학회, 1994, p.25.

26) 『東遊略抄』를 보면 형제간의 서신 왕래가 무수했고, 소앙은 해마다 자기 외에 6남매의 생일을 잊지 않고 그날이면 일기에 함께 밥상을 들지 못하는 것을 '多悵' 등으로 한탄하는 마음을 나타내고 있을 정도였다.

것이 아니라 각종 독립운동선언서에 표현할 정도로 현실에 적용하고 있었다. 선언에 그친 것이 아니라 독립운동조직으로서 1917년에 조선사회당을 결성하고 있었다. 조선사회당이 외교용 전단조직처럼 보이지만 소앙이 1919~20년 유럽에서 활동할 때도 사용한 조직 명의이고 보면, 전단조직이라고만 치부할 수 없을 것 같다. 그러한 소앙의 사회주의 제창은 1917년의 '대동단결선언'이나 1919년의 '대한독립선언서'에서 고유주권설을 강조하고 있던 사실에서 보듯이 언제나 민족주의적 고민이 산출해 낸 사상이었다. 즉 민족주의를 달성하기 위한 방법으로 사회주의노선에 접근했던 것이지 수입 사상의 앵무새 대변이 아니었다는 말이다.

3. 유럽 외교활동과 사회민주주의노선의 모색

조소앙은 1919년 4월 대한민국임시정부 수립에 참여하고 국무원 비서장으로 활약하다가 5월에는 파리강화회의에 파견된 김규식을 지원하기 위하여 유럽으로 떠났다. 그후 1921년 5월 북경에 도착하기까지 2년간 프랑스, 스위스, 네덜란드, 영국, 독일, 발틱 3국과 혁명중의 러시아를 돌며 외교활동을 펴는 한편 견문을 넓혔다. 스위스에서는 조선사회당 대표로 국제사회당대회와 네덜란드의 국제사회당 집행위원회에 참석하여 한국독립 결의안을 통과시킨 성과를 얻었고, 영국노동당 인사와 교우하며 하원의회에서 한국독립 문제를 의안으로 채택·논의하는 등의 외교적 성과를 올리는 동안 유럽 사회민주주의를 익힐 수 있었다.[27] 그런 가운데 소앙의 사회주의는 사회민주주의 또는 민주사회주의의 틀을 이루어 간 것이 아닌가 한다. 그것은 국제사회당대회 집행위원회 위원들과 함께 국제사회당과 대립해 있던, 그리고 내전으로 혼란한 러시아를 시찰하면서 확립되어 간 것으로 보인다. 더구나 소앙이 이르쿠츠크와 치타를 통과하던 1921년 4·5월은 그해 6월의 자유시참변을 앞두고 치타의 상해파 고려공산당과 이르쿠츠크의 이르쿠츠크파 고려공산당이 충돌 직전이었으므로, 폭풍 전야의 광경을 목격하면서 공산당에 대한 매력을 잃어버린 기회가 되었을 가능성도 있다.

소앙이 참석한 국제사회당대회는 1919년 모스크바에서 레닌이 주도하여 코민테른을 결성하고 그것을 제3인터내셔널이라고 선언한 데 대립하여 제2인터내셔널의 재건을 모색하는 대회였다. 그러므로 소앙은 보불전쟁 때 민족주의와 반전주의가 대립하여 끝난 제1인터내셔널이나, 제1차 세계대전이 일어나자 역시 민족주의와 반전주의가 대립하여 끝난 제2인터내셔널의 운명을 회고·성찰하면서, 반일 독립전쟁을 수행하는 자신의 처지에서 코민테른 방식의 반전주의 또는 세계주의보다 각국의 특수성을 존중하는 사회민주주의의 길을 모색했던 것으로 보인다. 그리고 그것은 사회개량주의노선이 어디보다 강한 영국노동당 인사와 자주 접촉하는 가운데, 또 그들과 함께 러시아를 시찰하는 가운데 심화되었을 것이다. 그러므로 소앙은 그해 11월부터 모스크바에서 열리는 극동인민대표자대회에 김규식·여운형 등 한국독립운동 대표자가 대거 참석하는 것도 뒤로하고 홀로 상해로 돌아왔던 것이 아닌가 한다. 즉 소앙의 사회주의는 다른 지도자와 달리

---

27) 상해판, <獨立新聞>, 1922년 2월 20일, 2면 기사(鄭用大, 앞의 글).

모스크바 공산주의와는 결연히 이별하고 독일사회민주당이나 영국노동당 노선으로 자리잡아 갔던 것이다.

　유럽 여행을 마치고 돌아오는 길에 '만주리선언'(滿洲里宣言, 1921)이 있었다고 하나 내용을 알 길이 없었다. 상해에서는 1922년 5월 6일 <독립신문>에 "독립당과 공산당의 전도"를 발표했다. "독립당과 공산당의 전도"에서는 독립당은 민주정치와 민족주의를, 공산당은 계급통치와 세계주의를 표방하는 것이 특징이라 하고, 식민지하에서는 공산당도 제1차적 목적이 독립전쟁이고 연후에 제2차적 목적이 공산전쟁이므로 당장에는 '공조·협진'(共助協進)이 중요하다고 하고, 독립당은 공산당을 '의로매한(倚露賣韓)의 적(賊)'이나 '탁왜체한(托倭替韓)의 비열한 심장(心腸)'이라고 한 것은 한국 공산주의자의 잘못이지 공산당 자체가 그런 것은 아니라고 하면서, 욕하지 말고 먼저 "강유력(强有力)한 동맹체를 창조하며 무력적 실력을 속히 집중"하라고 촉구하고, "전도의 승리는 경성에 선입(先入)할 자에 귀(歸)"한다고 했다. 여기에서 '탁왜체한'의 변론처럼 은근히 독립당을 변호하는 정서가 묘사되어 있다. '탁왜체한'은 일본의 공산주의자 가타야마(片山潛)에게 한·일·중·몽고의 코민테른 대표권을 위임한 것을 가리키는데, 조선공산당이 결성되지 않았던 당시, 또 국제주의노선이 남달리 소문난 가타야마에게[28] 위임한 것이 국제노선상 공산당으로서는 피할 수 없었던 것이었지만, 소앙은 그것을 일단 잘못된 것이라고 전제하고

---

28) 가타야마(片山潛)는 1904년 일본사회주의 대표로서 제2인터내셔널 암스테르담대회에 처음으로 참가할 때, 때마침 노일전쟁중이었으나 러시아 대표 프레파노프와 단상에 올라가 손을 잡고 사회주의자로서 반전주의의 돈독한 우의를 나타내 만장의 박수를 받아 국제주의자의 일화를 남긴 인물이다.

공산당은 원래 그런 것이 아니라고 공산당과의 협력을 강조하고 있다. 그럴 정도로 민족주의적 관점이 강한 조소앙이었다. 그러니까 조소앙의 사회주의는 각국의 특성을 존중한 사회민주주의로 정착되어 갔고, 유럽 각국의 사회민주주의 노선이 조금씩 달랐던 것처럼, 소앙은 한국 사회민주주의 이론을 개발할 필요에서 종래의 균등주의를 삼균주의로 이론화했던 것이다.

4. 삼균주의의 제창과 사회민주주의의 정착

삼균주의는 1930년 한국독립당 당강으로 채택되어 1931년 4월에 발표한 '대한민국임시정부선언'에서 공식화되었다.[29] 그렇다면 조소앙이 상해에 돌아온 1921년부터 10년간은 공식적으로 논의된 바 없다는 이야기가 된다. 그 이유는 상해정국을 이해한다면 그럴만한 겨를이 없었다는 것을 알 수 있다.

1921년부터 상해정국은 이승만 축출문제와 국민대표회의 소집문제로 대단히 소란했다. 드디어 1923년에 국민대표회의가 개최되고 5개월의 회의로 논란이 분분한 가운데 임시정부 창조론과 개조론이 대립하여 끝내는 창조도 못하고 개조도 못한 채 해산하고 말았다. 그 뒤에는 임시정부의 수호와 개조문제로 정국이 수습되지 못했다. 여기에 기호파와 서북파의 알력이 겹치고 거기에 재만 독립군인 참의부와 정의부가 관여하게 되어 정국이 대

---

29) 국사편찬위원회, 『韓國獨立運動史 資料 3』, 1973, p.208.

단히 어수선했다. 대체로 이동녕, 조소앙, 이시영(김구 포함)의 기호파와 참의부는 임시정부 수호를 추진하고, 안창호, 이유필, 조상섭(여운형 포함)의 서북파와 정의부는 임시정부 개조를 주장하고 있었다. 결국 1925년에 이승만을 탄핵하고 박은식이 대통령에 취임하여 임시정부 헌법을 개정하여 개조의 주장이 일단 관철되었다.[30] 그러나 곧 이은 박은식의 사망과 임시정부의 공백상태, 1926년부터 일어난 민족유일당 촉성운동의 전개, 유일당운동이 전개되는 속에서 1927년 김구내각에 의한 또 한 번의 헌법개정 등으로 임시정부는 존폐의 위기를 맞게 되었다.[31] 이런 판국에 삼균주의 같은 것을 내밀 형편이 못 되었다.

  1929년 민족유일당운동이 결렬되면서 1930년 1월 한국독립당을 창당하여 임시정부의 위기를 수습함으로써 겨우 명맥은 유지하게 되었어도, 정부의 권위가 실추되었던 것은 물론, 일개 독립운동단체의 구실도 지속해 나가기 힘든 경지에 이르고 말았다. 그러나 그 동안의 소란은 사라졌다. 그러므로 대내적 정비와 대외적 활동을 전개할 여유는 갖게 되었다. 이때 한국독립당을 창

---

30) 1925년의 헌법개정은 종전의 대통령중심제를 내각책임제로 고친 것이다. 이승만의 독주에 대한 반성이었다. 신헌법의 내각수반은 국무령이라 했다.

31) 1927년의 헌법개정은 두 가지의 특징을 가지고 있었다. 하나는 정부형태를 관리정부형태로 고친 것이고, 하나는 당시에 추진되고 있던 민족유일당(민족대당)이 결성되면 그 민족대당이 정부를 조종하는 이른바 이당치국(以黨治國)의 체제를 갖춘 것이다. 그러니까 정부형태는 국무위원회에 의한 관리정부의 형태를 택한 것이다. 이때에 민족대당이 결성되었다면 문제가 될 것이 없었는데 민족대당의 결성이 무산되고 말았으니 정부형태만 무력한 것이 되고 말았다.

당하고 삼균주의를 제창했던 것이다. 1931년 대외적으로 공표한 삼균에 관한 부분을 번역하면 다음과 같다.

"민족균등주의란 것은 국내에서는 사람과 사람이 권리를 고루 누리는 것을 말한다. 무엇으로 고르게 할 것인가. 보통선거로써 정권을 고르게 하며, 국유로써 이권을 고르게 하며, 공비로써 학권을 고르게 한다. 국외에 대하여는 민족자결의 권리를 보장하여 민족과 민족, 국가와 국가의 불평등을 제거한다."32)

위의 글은 임시정부가 중국 국민정부에 제출한 특히 동삼성(東三省)에서 자행되고 있는 한인교포에 대한 탄압에 항의하며,33) 한

---

32) 앞의 책, p.211(밑줄은 필자).
"均等制度之民主的獨立國家"
獨立黨 依此而爲主義焉爲信條焉 主義之根於民衆本於意識之所由來 遠且深矣. 本政府以獨立黨, 爲根幹, 獨立黨以民國全體, 爲基礎, 而固執均等主義, 均等主義, 早由民族全體之共同要求而發生焉, 則本政府之主義與政策, 根於此而始得決定, 要約之爲── <u>民族均等主義</u>, 民族均等主義者, <u>在國內人與人, 均享利權之謂</u>, 何以均之, 曰普選以均政權, 國有以均利權, 公費以均學權, 對國外, 保障民族自決之權, 以除族與族國與國之不平等, 故因此而實現於國內, 則特權階級, 立見消亡, 小數民族, 危其侵凌, 無論爲政治爲經濟之敎育, 均其利權, 無所軒輊, 對同異族, 亦復如是, 本政府根據民族均等主義而獨立運動之政策矣.

33) 만주에 망명해 있던 한인은 중국인 혹은 중국에 귀화한 한인의 명의를 빌려 토지를 매입하여 생활을 영위하는, 이른바 典地制度에 의탁하고 있었는데, 그 전지제도가 1927년부터 봉쇄당한 후에는 중국에 귀화하지 않고는 토지를 구입할 수 없었다. 그리고 영소작권인 土地商租權 문제도 한인을 일본의 앞잡이로 보는 중국의 오해(?) 때문에 장애가 많았다. 그에 대하여 임시정부에서 한인 동포의 생활 타개책을 강구하

중 양국의 유대를 강조한 장문의 문서 중의 한 토막이다. 제출서에는 당시 임시정부 국무위원인 조완구, 조소앙, 이동녕, 김철, 김구가 차례로 연서했다. 그리고 전해인 30년 1월에는 이동녕, 안창호, 조소앙 등이 한국독립당을 결성했는데, 한국독립당의 당의(黨義)에서 "국토와 주권을 완전히 광복하고 정치, 경제, 교육의 균등을 기초로 한 신민주국을 건설하여서"34)라고 했다. 그렇다면 위에 소개한 1931년의 임시정부선언은 1930년에 만든 한국독립당의 당의에 기초하여 만들었다고 이해해야 할 것이다. 당의·당강의 기초위원은 이동녕, 안창호, 이유필, 김두봉, 안공근, 조완구, 조소앙 등 7명이었다. 그러한 인사들이 당의·당강을 만든 1930년은 국내외 독립운동의 거리를 휩쓴 민족유일당운동이 국내의 신간회 외에는 모두 와해되는 가운데 상해에서도 1929년에 무산되고 만 다음해 1월이라는 점, 그리고 경제공황이 세계자본주의를 강타하고 있던 때라는 점을 감안하면, 누구에게나 삼균주의 방식의 사고가 생동할 가능성이 많았다.

그래서 안창호도 대공주의(大公主義)를 제창하고 있었다. 그에 대한 분명한 문서는 발견되지 않으나 1938년 그가 작고했을 때 임시정부가 있던 장사(長沙)에서 추모대회가 열렸는데, 그때의 문서에 안창호가 "민족평등·정치평등·경제평등·교육평등을 기초로 한 민주공화국을 건설"하려던 혁명영수라는 점이 명시되어 있다.35) 그것을 보면 안창호의 대공주의도 삼균주의와 같은 것임

는 노력으로 중국정부와 교섭을 진행시키고 있었다. 그러나 이듬해의 만주사변으로 수포로 돌아가고 말았다.

34) 金正柱, 『朝鮮統治史料』 10, p.698(번역).
35) 旅湘韓人追悼安島山先生大會籌備處, "韓國革命領袖安昌浩先生四十年革命奮鬪史略," 1938, p.4; 『島山安昌浩資料集』(3), 한국독립운동사연구

을 알 수 있다. 즉 경제공황이 몰아친 당시에는 비슷하게 생각하고 있었다. 말하자면 소앙의 삼균주의가 호응을 받고 있었다는 말이다.

1932년 4월에 윤봉길의 상해의거를 계기로 임시정부와 한국독립당은 상해를 떠나 항주로 갔다. 그때 김구와 이동녕은 가흥으로, 안창호와 이유필은 체포되어 국내로, 항주의 한국독립당은 조소앙이 이끌고 있었다. 그런데 1935년 7월에는 한국독립당이 의열단(金元鳳)이 주도한 민족혁명당(金奎植, 金元鳳)에 합류하면서 스스로 해체했다. 그때 민족혁명당에 합류한 한국독립당의 김두봉, 조소앙, 최석순 등의 영향인 듯 삼균주의는 민족혁명당의 이념이 되었다. 그 당의를 보면 고유주권설이 명시되어 있지 않다는 것과 안창호의 경우처럼 균등을 평등으로 표현한 것이 다른 점일 뿐이다.[36]

그런데 그해 9월에는 조소앙이 민족혁명당을 탈당하고 한국독립당을 재건했고, 11월에는 김구·이동녕이 한국국민당을 결성했다. 주목할 것은 김구의 한국국민당도 삼균주의를 표방하고 있다는 사실이다.[37] 이와 같이 각 당의 강령을 보면 모두 삼균주의를 표방하고 있었다. 이제 삼균주의는 좌우익 모든 정당의 이념으로 확산되었다.[38] 그러니까 1941년에 임시정부에서 건국강령을 만들 때 삼균주의는 당연히 기본사상이 되었고, 42년 좌파정당인 민족혁명당과 무정부주의연맹(柳林)이 임시정부에 합류한 뒤에도 삼

소, 1992, p.261.
36) 金正明, 『朝鮮獨立運動』 2, p.540.
37) 秋憲樹, 『白凡 金九 —— 생애와 사상』, 교문사, 1982, p.227.
38) 趙東杰, "中國關內에서 전개된 韓國獨立運動의 特徵," 『韓國近現代史의 理解와 論理』, 지식산업사, 1998, p.104.

균주의를 핵으로 한 건국강령에 대해서는 문제삼지 않았다. 그와 같이 삼균주의는 본질적으로 좌파 논리이지만, 오히려 우파정당과 임시정부의 지도이념으로 자리잡는 데 무리가 없었다.

그렇다면 삼균주의를 구체화한 1941년의 임시정부 건국강령을 보기로 한다.

5. 임시정부 건국강령의 성격[39]

1) 건국강령의 요지

건국강령은 1941년 11월 28일 임시정부 국무위원회 명의로 공표되었다.

건국강령은 제1장 총강 7개항, 제2장 복국 10개항, 제3장 건국 7개항, 모두 3장 24개항으로 구성되어 있다. 얼핏 보기에 복국 항목에 비하여 건국 항목이 적다고 느낄 수 있는데, 그것은 복국기간인 독립운동의 중요성을 강조한 의도로 해석되지만, 실제 내용을 보면 건국의 4, 6, 7항목은 다시 세분하여 모두 21개 세항으로 구성되어 있으므로 적은 것은 아니다.

총강 제1항에서 한국은 반만년 이래 민족국가의 고정적 집단이라는 고유주권설(주권불멸론)을 선언하고, 제2항에서 국가운영원

---

[39] 趙東杰, "大韓民國臨時政府의 建國綱領," 『韓國近現代史의 理解와 論理』, 지식산업사, 1998, p.119 참조.

리로서 홍익인간의 건국정신을 수미균평위(首尾均平位)라야 흥방보태평(興邦保泰平)하다고 해석하고, 균평위(均平位)는 구체적으로 권력, 부력, 지력의 삼균이라고 했다. 그를 위하여 가장 기본적인 것으로 제3항에서 전통시대의 공유제도를 중시하여 토지국유화를 선언했다. 주권이나 삼균이나 토지국유화나 모두 논리의 근거를 전통시대에 두고 있는 것에 대하여 인고설(引古說)이라는 비판이 있었다. 그러나 조소앙의 삼균주의가 인고논리에 근거를 두고 있었다는 점이 특징이고 보면, 구미의 논리를 우상처럼 모방하던 당시에 특징 중의 특징이라고 할 수 있을 것이다.

제4항에서 독립운동의 민족적 책임을 강조하고 제5항에서 3·1운동과 대한민국임시정부 수립으로서 혁명적인 민주제도가 확립되었다는 것과 제6항에서 1931년 4월의 건국원칙으로서 삼균제도를 발표했는데, 그것은 1919년 임시정부수립 당시에 이미 천명한 것이라는 점, 제7항에서 삼균은 복국과 건국의 계단을 밟아 실현한다는 점을 밝혔다.

다음에 제2장 복국은 독립운동의 내용으로서, 제1항의 복국 제1기는 임시정부의 수립과 독립전쟁의 전개를 말하는 것이고, 제2항의 복국 제2기는 독립군이 본토에 상륙하여 국제적 발언권을 확보하고, 제3항에서 설명하고 있는 복국 제3기는 국토를 완전 탈환하여 복국을 완성한다는 것이다. 복국의 완성은 각국 정부와의 조약체결로 이루어진다고 해서 국제적 승인절차를 전제한 것은 후일 국제관리설이 대두한 문제와 관련하여 논란이 있었다. 임시정부의 역할을 과신한 것이 아닌가 한다.

제4, 5, 6, 7, 8, 9항은 임시정부가 주도할 독립운동의 방략과 과정을 설명한 것이고, 제10항에서 언급한 복국 완성기에 이르러 임시정부가 건국에 필요한 헌법과 정부조직법, 지방자치법 그리고 군사·외교에 관한 법규 공포를 계획하고 있다. 그런 뜻에서 만든 헌법이 1944년의 임시헌장이었다.

제3장 건국은 제1항 정부수립을 건국 제1기라 했고, 제2항의 건국 제2기는 삼균주의에 의한 민주제도의 실시단계로서 지방자치의 실현, 토지와 대생산기관의 국유화를 완성하고, 의무교육과 면비수학체제를 완성하여 극빈계급까지 생활과 문화수준의 제고가 보장되는 단계이다. 제3항에서 밝힌 건국 제3기는 군사, 교육, 행정, 생산, 교통, 위생, 경찰, 상업, 공업, 농업, 외교 등의 기초가 완비되어 삼균제도가 각 분야에서 추진된 완성기를 일컬었다.

제4항에서는 인민의 권리·의무를 규정했다.

㉠ 권리는 노동권, 휴식권, 피구제권, 피보험권, 수학권 등 수익권에 해당하는 권리를 열거했고, 이어 선거권, 파면권, 입법권 등의 참정권을 명시했다. 수익권을 강조하고 파면권과 입법권을 명시한 것이 주목된다.

㉡ 남녀평등권 선언.

㉢ 신체, 거주, 언론, 출판, 신앙, 집회, 결사, 유행(遊行: 여행과 이전?), 시위, 통신 등의 자유권을 명시.

㉣ 선거권은 18세 이상, 피선거권은 23세 이상의 연령제한 외에는 보통, 평등, 비밀, 직접선거의 원칙 천명.

㉤ 준법, 납세, 병역의 의무를 규정. 1919년 헌법 제6조에 규정한 교육의 의무는 언급이 없는 것이 이상하다.

㉥ 적의 부역자, 독립운동 방해자, 건국강령 반대자, 정신 결격자, 범죄판결을 받은 자는 선거권, 피선거권 박탈.

제5항에서는 정부조직과 지방자치에 대하여 규정했는데 지방자치단체는 도와 군으로 했다.

제6항에서 경제정책의 원칙을 규정했다.

㉠ 중소기업의 사영 외에는 모두 국영으로 함.
㉡ 적의 재산과 부역자의 재산은 몰수하여 국유로 함.
㉢ 몰수재산은 무산자의 이익을 위하여 제공함.
㉣ 토지에 관한 매매, 양도, 저당, 상속, 조차와 고리대업과 고용농업(머슴)의 금지.
㉤ 국제무역과 발전소, 대규모의 인쇄, 출판, 영화, 극장의 국유.
㉥ 노유(老幼)와 여공의 야간노동 금지, 연령·지대·시간의 불합리한 노동 금지.
㉦ 노동자·농민의 무료 의약 혜택. 건강권의 규정은 이 조항뿐이었다.
㉧ 토지분배는 고용농, 소작농, 자작농, 소지주, 중지주의 순서로 우선 분급함.

제7항에서는 교육의 기본원칙을 규정했다.

㉠ 교육의 기본취지는 혁명공리의 민족정기를 발양하며 국민도덕, 생활지능, 자치능력을 양성.
㉡ 초등교육과 고등(중등)교육의 국비 의무교육.
㉢ 학령 초과자의 보습(補習)교육과 빈한한 학령자의 의식 제공.
㉣ 학교 수는 최소한 1면에 5개 소학과 2개 중학, 1군에 2개 전문학교, 도에는 1개 대학을 설치.
㉤ 교과서는 국정으로 하고 무료 배본함.
㉥ 중학과 전문학교에서 국민병 교육 실시.
㉦ 공사립학교의 국가감독과 교포교육에 대한 국가시책을 강조.

누가 보아도 국가통제가 철저한 교육정책의 선언이라고 하겠는데, 그것은 식민지시대의 후속조치 때문으로 이해된다.

2) 건국강령의 이론과 특징

위의 요지에서 보는 바와 같이 건국강령은 삼균주의의 구체적인 선언이었다. 강령의 총강에 의하면 삼균주의의 사상적 연원은 단군의 홍익인간 개국정신을 비롯하여 전통시대의 민족사에 있다는 주장이고, 그것이 3·1운동으로 건립한 대한민국 임시정부에 의해서 혁명적으로 발전하여 1931년 삼균주의로 정착했다는 것이다.

총강 제1항에서 한국은 반만년래의 고정집단이라고 선언한 바와 같이 건국강령의 민족주의는 전통과 근대를 구별하지 않는 국수적이라고 할 만큼 역사민족주의에 입각해 있었다. 그러한 반만년래의 고정집단 논리는 고유주권설이라고 이름지을 수밖에 없는데, 그것은 1917년의 '대동단결선언'과 1919년 길림에서 발표한 '대한독립선언서'에서 제기된 후 주권불멸론의 독립운동이념이 되었다.[40] 서구의 국민주권설이 신의(神意)에 근거했다는 폭군추방론과 자연법사상의 결합으로 형성된 것과 비교하면 대조를 이룬다. 그러한 한국사적 정통의식은 3, 4, 5항의 삼균제도와 토지국유화도 한국사에 근거한 당위성으로 설명하고 있는 데서 더욱 잘 나타나 있다. 제5항에서 3·1운동으로 "군주정치의 구

---

40) 오늘날 北日會談에서 북한이 1910년부터 1945년까지를 식민지시기가 아니라 독립전쟁의 시기라고 주장하는 논리적 근거도 고유주권설에 입각한 주권불멸론에 있는 것이다.

각을 파괴하고 새로운 민주제도를 건립하며 사회의 계급을 소멸하는 제일보의 착수이었다"는 것은 주권의 귀속이 고유주권설이기 때문에 주권의 행사방식이 변혁되었다는 뜻이다. 즉 전통에 근대를 접목했다는 뜻이다. 그래서 학자들은 건국강령의 논리를 변증법적인 방식이라고 말하기도 한다.

삼균주의도 근대적 혁명이념에서 찾는 것이 아니라 총강 제2항에서 보는 바와 같이 홍익인간의 건국정신이나 "수미(首尾)가 고루 평위(平位)해야 나라가 흥하고 태평을 보전한다"는 옛말을 '선민(先民)의 명명(明命)' 또는 사회의 '최고 공리'라 하며 한국인의 전통적 정신에 연원을 두고 있었다. 그러한 전통적 정신을 삼균으로 구체화했을 뿐이라는 것이다. 그렇다면 삼균주의는 혁명이념은 아니었다고 하겠다. 그러나 삼균주의가 사회주의 성격이 강하다는 것은 학자들의 공통된 견해이다. 그런데도 혁명성을 피하여 전통시대에서 정신적 연원을 찾고 있었던 것은 삼균주의가 강력한 민족주의에 기초하고 있었다는 것을 의미한다고 보아야 할 것이다. 바로 그것이 우파 민족주의를 만족시켜 주었던 것이다. 그래서 1944년 10월 28일 건국강령 수개(修改)위원회 제2차 회의에서 최동오, 강홍주 위원으로부터 인고설(引古說)이 지나치다는 비판을 받기도 했다.

제2장 복국 항목은 본 연구와 직접 관계가 없으므로 다른 글을 참고하기 바란다.[41]

제3장 건국 항목은 삼균주의의 실천내용을 구체적으로 설명한 것이다. 여기에서는 당시로서 진보성향을 가진 조항만을 보기

---

41) 趙東杰, "大韓民國臨時政府의 建國綱領," 『韓國近現代史의 理解와 論理』, 지식산업사, 1998, p.119.

로 한다. 먼저 제4항의 권리·의무의 규정을 보면, 수익권의 규정들이 나열되어 있다. 1919년 길림의 '대한독립선언서'와 1931년 '대한민국임시정부선언'에서 이미 주장되었던 균등의 논리 자체가 수익권적 성격을 이념으로 한 것이라고 본다면 새로울 것은 없다. 그러나 건국강령에서 수익권의 내용을 노동권, 휴식권, 피구제권, 피보험권, 수학권 등으로 구체화했다는 점에서 실천의지가 반영되어 있는 것이다. 세계적으로 초기자본주의의 야경국가 논리를 극복한 수익권의 규정은 사회민주주의 원리를 크게 수용한 1919년 독일의 바이마르헌법에서 비롯된 것이다. 그 점을 감안하면 1919년부터 시도한 독립운동자의 선구적 의지를 특별히 주목해야 하고 그 의지가 1941년의 건국강령까지 이어졌다고 할 것이다.

4항에서 또 주목할 것은 참정권의 내용에서 파면권과 입법권을 규정하고 있는 점이다. 입법권은 국민투표제 같은 것일 것이고, 파면권은 국회의원 소환권 같은 것을 노렸을 것이다. 그 본래 성격은 중세의회의 것이라는 등의 문제는 있으나 존 로크나 몽테스키외 방식의 대의제가 아니라 루소 방식의 직접민주제의 의도로 생각되어 강렬한 민주주의 이념의 단면을 볼 수 있다. 그것은 지방자치제를 강조하고 있는 데서도 나타나 있다. 경제조항과 관련시켜 볼 때 그 강렬한 민주주의가 소앙은 사회민주주의라고 생각했을 가능성이 많다. 그때마다 소앙이 인고설에 빙자한 것은 임시정부의 처지에서는 사회주의라는 용어를 앞세울 수 없었기 때문이 아니었던가 한다.

삼균주의의 의도는 제6항에서 더욱 분명하게 나타나 있다. 중소기업만 사영으로 하고 거의 모든 경제관계를 국가통제하에 둔다고 했다. 그리고 토지는 국유화한다고 했다. 사회주의 성격이 강한 규정이다. 그런데 그의 논리를 전통시대의 역사에서 찾고 있어 근대사회의 혁명적 성격이라고 말할 수는 없다. 즉 **遵聖祖 至公 分授之法, 革後人 私有兼倂之弊**(총강 제3항)가 전통이라는 것이다. 『고려사』(高麗史) 사전개혁(私田改革)의 기사를 인용하면서 광복할 조국의 토지국유화를 합리화하고 있다. 그렇다면 그 논리는 전근대의 공전제(公田制)와 근대의 토지분배론을 동일시한 것으로 사회주의 혁명이론일 수는 없다. 하지만 중국의 대동사상처럼 근대논리를 전통시대에서 찾으려는 것이 불가능한 것은 아니다. 전통부정 의식이 지배적이던 당시 지식인의 일반적 경향과는 달리, 새 조국의 건국원리를 전통시대에서 찾고 있는 논리는 강렬한 민족주의의 산물인 동시에 민족주의를 추구한 이념이라고 해야 할 것이다. 1942년 12월 26일 약헌개정위원회(約憲改定委員會) 제5차회의에서 좌파정당의 대표였던 민족혁명당의 신영삼이 "토지국유 강령은 전민족 동원에 방해가 된다"고 이의를 제기했을 때 조소앙은 "자본주의사회를 건설한다면 따라올 사람이 하나도 없다"[42]고 받아들이지 않았다. 소앙의 참뜻이 표현된 답변이었다고 할 것이다.

여기에서 주목할 것이 있다. 삼균주의의 토지국유화에 대하여 종래 일부 견해는 고국의 토지가 대부분 일본인이나 식민적 지주가 점유했다고 생각했기 때문에 일단 국유화할 필요가 있다고 생각하여 규정한 것이라고 해석하던 것은[43] 맞지 않는 것 같다. 그의 진의가 토지사유화의 자본주의를 거부한 데 있었다고 해석

---

42) 국사편찬위원회, 『韓國獨立運動史 資料 1』, 1970, p.335.
43) 趙東杰, "獨立運動의 指導理念," 『광복30주년 기념논문집』, 독립운동사편찬위원회, 1975.

해야 할 것이다. 자본주의를 거부한다면 그때까지 소앙이 남긴 문서와 행적으로 보아서 사회주의노선을 추구했던 것이 틀림이 없다고 하겠다.44) 그것이 연장되어 해방정국에서 조선공산당보다 임시정부를 대변하던 조소앙의 토지정책이 더 과격했던 한때가 연출되기도 했던 것을 기억할 필요가 있다.

제6항의 구성에서 ㉥과 ㉠의 노유·여자·노동자의 권익규정은 당연하기는 하지만, 제4항의 수익권규정이나 아니면 사회정책 항목을 별도로 설정하여 규정할 문제였다. 사회주의 지향성을 노골화할 수 없었기 때문에 편법으로 규정한 것이 아닌지 모르겠다.

제7항 교육정책의 규정은 교육을 국가관리하에 둔다는 것이 특징이다. 이것은 성급하게 단정할 것이 아닌 것 같다.

끝으로 삼균제도를 종합해서 볼 때 동양적 또는 한국적 이상주의를 근대 사회민주주의의 논리로 정리한 것이라고 할 수 있다. 거기에 산균주의가 좌파논리이면서 우파정서에 거부감을 사지 않았던 이유가 있었다. 사회민주주의로 보면 사회보장제도에 대한 종합적인 규정이 없다는 것이 단점으로 지적될 수 있다. 보통의 경우라면 삼균이라고 해도 교육은 수익권의 규정에 포함하고 사회보장체제에 대한 규정을 별도로 두어서 정치, 경제, '교육'이 아니라 정치, 경제, '사회'의 민주주의를 구조화했을 것이다. 이것은 삼균주의가 역사적 인고성(引古性)을 강하게 가진 나머지 한국사의 문치주의(文治主義) 전통에 집착한 탓이 아니었던

---

44) 미국이 임시정부를 승인하지 않은 것이나 해방 후 임시정부의 공식 활동을 봉쇄했던 이유가 여러 가지가 있었겠지만, 그 가운데 중요한 것이 임시정부의 이념과 노선이 미국 자본주의의 안목에서 의심되었기 때문이 아니었던가 생각할 때가 많다.

가 생각된다. 그렇게 보면 사회구성체적 이론을 중시하는 사회주의와는 거리가 먼 성격이라고 하겠다. 그러나 사회주의의 국가관리이론을 크게 수용한 점은 부정해서 안 될 것이다. 이러한 삼균주의에 입각한 건국강령은 임시정부 1944년의 헌법에 그대로 반영되었다. 1944년의 헌법, 즉 임시헌장 전문에서 자유, 평등, 진보를 기본정신이라고 선언하면서 제30조 1항에서 국무위원회는 "복국과 건국의 방책을 의결함"이라고 건국강령의 헌법상의 근거를 명시했다.

6. 해방 후 사회당의 창당이념

조소앙은 1945년 12월 1일 임시정부 제2진으로 환국했다. 임시정부와 함께 한국독립당(김구, 조소앙)과 민족혁명당(김규식, 김원봉)과 무정부주의연맹(유림)도 환국했다. 환국할 당시에 서울에 결성되어 있던 주요 정당으로 한국민주당(송진우), 국민당(안재홍), 조선인민당(여운형), 조선공산당(박헌영)과 그외에 박헌영, 여운형 등의 조선인민위원회와 이승만의 독립촉성중앙협의회가 있어 정국이 무척 다단했다. 그때에 모스크바삼상회의의 신탁통치 결정 소식이 12월 28일 전해와 김구, 조소앙 등은 반탁운동에 혼신의 힘을 쏟았다.45) 그들에게 반탁운동은 새로운 것이 아니었다.

---

45) 趙東杰, "白凡 金九의 統一國家 樹立運動," 『韓國近現代史의 理解와 論理』, 1998, p.349; "海公 申翼熙의 臨時政府 活動," 앞의 책, p.284.

1942년부터 국제 공동관리설이 나돌아 이미 중경에서부터 전개해 오던 반탁운동이었던 것이다.46)

그후 조소앙은 1948년 남북협상을 추진하기까지 김구와 정치노선이 크게 다르지 않았다. 그런데 평양의 남북지도자연석회의에서 돌아온 후의 소앙은 좀 특이한 행적을 걷게 된다. 그해 10월 11일에 발표한 신당(후일 사회당)결성을 위한 '성명서'에 의하면 남북협상이 최선이기는 하지만, 그것이 뜻과 같지 않으므로 분단정부일망정 또 정강이 다를망정 대한민국 국회에 참여하여 통일과 삼균주의의 실현을 위하여 정치적 투쟁을 전개해야 한다는 것이다. 그것이 의회정치를 존중하는 정치인의 정도라는 것이다. 또 한국독립당 내에서 분단정부일망정 참정을 관철시키려고 노력했던 사실도 밝히고 있다.47) 의회절차를 존중하는 것은 사회민주당들의 공통된 절차라고 하더라도 분단정부 속에서, 자본주의적 지배가 강력할 것을 예상하면서, 부분적으로라도 가능한 범위에서 하나 하나를 사회주의적으로 개혁하려고 했던 거기에서, 소앙의 삼균주의가 사회민주주의를 지향하면서도 그 가운데 가장 온건한 영국노동당의 의회주의노선이 역력히 반영된 단면이라고 하겠다. 소앙은

"入閣된 人物論과 집행되는 政策論을 초월하야 太極旗를 고집하고 대한민국을 최고도로 발전케 할 의무가 규정되는 것이다. 자신이 참가하지 않했다는 이유로, 自黨의 정책이 집행되지 못했다는

---

46) 1942년 5월 중경에서 개최된 自由韓人大會가 國際共同管理說에 대한 반대운동의 효시였다.

47) 한국정신문화연구원, 『韓國獨立運動史資料集 —— 趙素昻篇(4)』, 1997, pp. 1034-1040.

이유로, 主權과 領土가 완성되지 못했다는 이유로, 대한민국을 거부할 이유가 발견되지 않는 것이다."48)

라고 협상과 정치인 가운데 참정을 주장하는 남다른 면모를 보였다. 그리하여 소앙은 한독당을 탈당하여 사회당을 결성했던 것이다. 그때 소앙은 삼균주의와 건국강령의 관계를 체(体)와 용(用)의 관계라 하며, 혼란한 사상대립을 일소하고 민족문제와 인류문제까지 해결할 수 있는 개혁방안이라고 더욱 강력한 신뢰를 보내고 있었다.49) 그러므로 "신조직(사회당: 필자)의 사명은 건국강령과 삼균주의를 단계적으로 현실을 통하야 일보일보 집행하는데 있는 것이다"50)고 하면서 사회당 강령에 다음과 같이 삼균주

---

48) 위의 책, p.1036.
49) 앞의 책, pp.1037-1038. "건국강령은 역사적 발전에 필연적 작품이며, 우리 국민의 고통과 貧乏과 실패를 구제하는 최선의 방안이며, 민족의식을 고도로 발전시키며 통일케 하는 과학적 방법이며, 차함독립과 괴뢰정부 등 약소국가의 관행적 범죄가 우리나라에 다시 와지지 않게 하는 최대 防築이며, 혼란한 사상대립을 일소하고, 민족문제와 사회문제와 인류 전체문제를 단계적으로 건축하여 나가자는 개혁 방안이다. ── 건국강령은 정치상 권력과 경제상 부력과 과학상 지력을 국민 각개에 공평하게 배급하야 개인 대 개인의 기본권리와 기본생활과 기본지식이 평균하게 발전케 하야 써 국가 대 국가의 화평관계가 개인 대 개인의 균형과 같이 발전되여── 삼균주의의 구체적 계획인 건국강령을 일평방리 영토에서 이평방리로 점차 실시하야 전세계에까지 파급케 하자는 시대적 사명을 띠고 나온 기빨이다. 그런 때문에 삼균주의와 건국강령은 표리가 되며 체용이 되는 구국방안임으로 국민의 공유이요, 일당 일문의 사유가 아님을 이에 성명한다."
50) 앞의 책, p.1040.

의를 명시했다.51)

1. 우리나라의 人民, 主權, 領土를 統一하고, 民族自主의 獨立國家 組織을 완성한다.
2. 國費敎育과 全民政治와 計劃經濟를 실시하야 均智, 均權, 均富의 社會를 건설한다.
3. 個人 對 個人, 民族 對 民族, 國家 對 國家의 平等과 互助를 원칙으로 한 世界一家를 실현한다.

 이러한 해방 후의 삼균주의는 앞에서 살펴본 1917년의 '대동단결선언'이나 1919년의 '대한독립선언서'와 '임시정부헌장'에서 밝힌 삼균주의 논리와 크게 다르지 않았다. 그것이 1931년에 삼균주의라는 이름으로 공식화될 때나 1941년에 건국강령으로 구체화될 때와는 더욱 다르지 않았다. 그러한 삼균주의가 사회당 당강으로 확립되어 삼균주의청년동맹과 삼균주의학생동맹을 통하여 보급·확산되고 있었다. 그런데 그때의 문서를 보면 해방 전의 삼균주의보다 훨씬 과격하다는 것을 알 수 있다. 그것을 보기로 한다.
 먼저 삼균주의청년동맹의 맹원은 "삼균주의를 신봉하고 강령급 규약을 준수하며 노농계급과 학술층의 전위로서 분투하기로 맹세한 자"52)라야 가입할 수 있다고 했으며, 삼균주의학생동맹의 '선언'에는 '삼균주의 민족통일만세', '삼균주의 사회혁명만세'

---

51) 社會黨, "黨憲," 제3장 黨綱(6·25 당시 서울시임시인민위원회[위원장 李承燁]에서 그해 7월 4일 등록을 받아 만든 『政黨社會團體 登錄綴』 [吳制道 간행 영인본, 1989], p.130) 및 위의 『資料集』 4, p.1053.
52) 위의 책, p.1011.

라고[53] 했다. 해방 전과 달리 노농계급을 강조하고, 전위조직을 만들고, 특히 사회혁명을 지향했다면, 자유민주주의를 지향하던 대한민국과는 분명한 차별성이 있었던 것은 물론, 의회주의를 표방하던 사회민주주의라고 해도 영국노동당 방식의 온건노선이라고 볼 수는 없다. 그래도 삼균주의는 "자유민주주의와 공산주의가 실패한 금일에 있어서 신민주주의의 탄생을 요구하는"[54] 역사적·필연적 산물이라는 것이다. 그리고 동맹원들에게 "삼균주의는 무식하고 무력하고 무산한 인민대중을 해방할 교육과 정치와 경제의 균등을 기초로 한 노농계급과 학술층이 배합된 신국가체제를 건설하자는 혁명주의"[55]라고 정의하고 있었다. 흡사 1980년대 민주화운동에서 부상했던 '계급연합으로서의 민중론'과도 같은 논리이다. 여기에 이르면 삼균주의가 영국 사회민주주의가 아니라 독일의 마르크스주의에 대한 수정주의노선으로서의 사회민주주의에 가깝다고 하겠다. 그러나 단편적인 자료로 속단하기는 힘들다. 전하는 바에 의하면 『삼균주의 학설』이 출간 예정이었다고 하는데[56] 필자는 찾지 못했다. 그러므로 위의 이야기 이상으로 삼균주의를 추적하지 못했다. 위의 이야기만으로도 삼균주의의 성격은 대체로 알 수 있으리라고 생각한다.

---

53) 앞의 책, p.1004.
54) 앞의 책, p.1030.
55) 앞의 책, p.1032.
56) 앞의 주와 같음.

7. 맺 음 말

　조소앙은 자본주의의 철학적 기반이기도 한 사회진화론이 풍미하던 시기에, 또 풍미하던 곳인 일본 동경에 유학하면서 진화론에 몰입하지 않으며 도덕주의를 강조한 청년학생으로 성장했다. 그리고 기독교에 의탁했다가 육성교를 제창하면서 세계일가의 종교를 이상으로 삼기도 했다. 그러한 도덕적 이상주의가 조소앙의 철학적 기반이었다.
　1917년에 조선사회당을 결성하고 그해에 대동단결선언을 기초하고 1919년 대한독립선언서를 기초하는 동안 조소앙은 균등주의를 강조하고 있었다. 1930년 한국독립당의 강령에 이르러 종전의 균등주의는 삼균주의로 체계화되었다. 1931년에는 대외적으로 공표되어 삼균주의가 독립운동의 지도이념으로 정착했다. 나아가 1941년에는 임시정부의 건국강령으로 현실적 의미를 갖게 되었다. 그러므로 조소앙은 삼균주의와 건국강령은 체(体)와 용(用)의 관계라고 했다. 원리와 규범의 관계라는 말이다.
　내용을 보면 온건한 사회민주주의 노선으로 이해된다. 그러한 소앙의 사상형성은 전술과 같이 처음에는 백씨 조용하를 통하여 유럽에 대한 견식을 넓히는 가운데 배태하고, 1913년부터 중국에 망명하여 대동사상을 비롯한 세계의 각종 사상과 접촉하면서 이루어졌던 것으로 짐작되고, 1919년부터 2년간 유럽에서 사회민주주의자와 교유하면서 이론적으로 정착한 것이 아닌가 한다. 유럽에서 러시아의 볼셰비키혁명과 코민테른에 대항하고 있던 **국제사회당대회**에 참석하고 조선사회당의 이름으로 그 일원이 **되어** 활약하는 가운데, 사회주의의 길을 밟으면서도 공산주의를 **거부**한 사회민주주의를 채택했던 것은 한국 사회사상사에서 **특별히** 주목할 점이다. 특히 영국노동당 인사와 친교하면서 사회민주주의 가운데서도 가장 온건한 노선이 채택된 것으로 이해된다. 그런데 독립운동 기간에는 소앙이 자신의 사상을 사회주의라고 **밝**힌 일이 없었다. 아마도 오해를 낳을 가능성을 우려했기 **때문일** 것이다. 그러나 전술한 바와 같이 1942년에 자본주의를 **따를 사**람은 하나도 없다고 말한 그때는 임시정부 안에서 조소앙의 **위**치가 확고부동하여 그렇게 말할 수 있었을 것이다. 그래도 **사회**주의를 표방한다고 말한 자료는 발견하지 못했다.

  해방 후에도 크게 변하지 않았는데, 1948년 사회당 창당 즈음에 이르면 삼균주의의 성격이 더욱 분명하게 정리된다. 자유민주주의도 실패하고 공산주의도 실패한 그때라고 전제하고 **삼균주의**여야 민족도 인류도 구제할 수 있다고 생각했고, 그러한 **삼균주의**가 한국의 역사에 근거하여 탄생한 것을 지극히 자랑스럽게 생각했다. 삼균주의가 가지고 있는 민족주의의 일면인 **것이다**. 조소앙의 민족주의는 남북협상을 추진한 데서도 잘 나타나고 **있**었다. 그런데 그의 민족주의는 국수주의가 아니라 육성교 창시에서 보듯이 진작부터 보편적 민족주의를 의미했다. 그러한 **삼균주**의가 점점 좌경화되고 있었던 징후도 엿보인다. 삼균주의청년동맹과 삼균주의학생동맹의 문건에서 노농계급과 학술층에 **의한** 혁명주의가 삼균주의라고 말할 정도에 이르고 있는 것이다. **아마**도 남한정국이 냉전논리에 함몰하고 또 천민자본주의로 **이행되**고 있던 현상을 보면서 갖게 된 비판적 안목이 아니었던가 **한다.**

여기의 혁명주의가 무엇을 의미하는지는 확실하지 않으나, 추측 컨대 1948년 10월 성명서의 내용만 하더라도 국회에 들어가 자본주의의 기초 위에서 점진적으로 삼민주의를 달성하자는 주장을, 의회절차에 의하더라도 자본주의를 일시에 삼민주의로 전환시키자는 정책으로 강화되었다고 해석해야 할 것이다. 사회민주주의라고 해도 수정자본주의와 크게 구별되지 않는 온건노선에서 독일 사민당노선처럼 좌경화하고 있었다고 하겠다.

이와 같은 조소앙의 삼균주의를 추적하면서 사회민주주의의 달성에서 이론적 과제로 남는 문제가 있다. 삼균주의가 권력(정치), 부력(경제), 지력(교육)이라는 인간의 사회적 능력을 기준하여 개혁을 구상한 나머지, 사회구조적인 개혁론이 미진하다는 점이다. 정치개혁과 경제개혁론에 비하여 사회개혁론이 봉건계급의 타파나 남녀평등론 등 개별적으로는 거의 근대주의를 만족시키면서도 구조화되어 있지 않았던 바로 그것이 과제로 남아 있었다는 말이다. 그것은 건국강령에서 사회보장체제의 규정이 체계화되어 있지 않았던 것으로도 알 수 있다.

다음에 사상풍토상의 특징으로 지적할 것은 사회민주주의를 추구하면서도 그의 논리적 근거를 한국 역사에 두고 있다는 점이다. 특히 오해를 낳을 수 있는 토지국유화의 문제를 전통시대의 공전제(公田制)에 논리의 근원을 두고 있었다. 그래서 삼균주의를 구체적으로 설명한 건국강령이 임시정부 의정원에서 논의될 때 인고설(引古說)이 지나치다는 비판을 받았다. 그런데 소앙의 인고논리는 복고를 의미하는 것이 아니었다. 그것은 토지국유화에 대하여 이의가 제기되었을 때 자본주의를 표방하면 따라올 사람이 없을 것이라고 못박고 있었던 점으로 보면, 토지국유화는 자본주의에 대한 개혁인데 다만 논리의 원류를 전통시대의 공전제에서 찾았던 것에 불과했다는 것을 알 수 있다. 이와 같이 삼균주의의 논리가 전통에 입각하고 있었으므로 1919년 전후 삼균주의(균등주의)가 제기된 이래 소앙이 납북된 1950년까지 일관되게 발전해 올 수 있었다. 외풍에 의해 흔들리지 않았다는 말이다. 이와 같이 소앙이 유학생 시절 강조하던 일관주의의 궤도를 벗어나지 않았던 것은 사상과 노선, 그리고 정당의 결집이 변화 무쌍했던 독립운동 전선에서 찾아보기 힘든 고집이요 인격이었다. 때문에 많은 젊은이들로부터 존경을 받았고 좌파논리인 삼균주의를 우파가 수용할 수 있는 빌미도 되었던 것이다.

그러한 삼균주의가 1948년 사회당 창당과 더불어 성격을 분명하게 드러냈다. 삼균주의를 당강으로 채택한 정당으로 이름을 사회당이라고 한 데서 본색을 솔직하게 드러냈던 것이다. 여기에서 우리는 몇 가지 사실을 다시 확인해 둘 필요가 있을 것 같다. 한국사회주의는 1917년 조선사회당에 의해서 사회민주주의를 개발한 것에서 비롯되었다는 사실, 다음에 그것은 삼균주의라는 이름으로 임시정부의 건국이념으로 정착하고 구체화했다는 사실, 다음에 그러한 삼균주의는 무정부주의 정당을 제외하고 중국 관내 좌우 모든 독립운동 정당의 당강으로 채택되고 있었다는 사실, 해방 후 사회당에 이르러서는 남한체제에서 보면 진보정당을 선구적으로 개척했다는 사실 등이다. 위의 네 가지는 어느 것 하나 역사적 의미가 가벼울 수 없다는 것은 본문에서 살펴본 바와 같다.

6·25남북전쟁으로 삼균주의는 사실상 종막을 내린 것과 같았다. 조소앙은 납북되고 남과 북은 냉전논리에 빠져 극단적 좌우익을 따라야만 생명을 보존할 수 있었다. 좌우로 극단화된 남과 북 어디에도 자유민주주의와 공산주의를 함께 거부한 사회민주

주의 또는 삼균주의가 존재할 공간은 없었다. 공간이 있었다면 남쪽의 서대문감옥과 북쪽의 아오지탄광뿐이었다.57) 그러한 삼균주의의 처지를 누구보다 일찍이 예상하고 있었던 사람도 조소앙 자신이었다. 바로 그러한 극단적 좌우익으로 분열·분단되는 것을 막고 극복해 보려고 조소앙은 중도노선인 삼균주의를 더 소리 높이 외쳤던 것이다. 정치인으로서는 보기 드문 '견리사의'(見利思義)의 표상이 아닌가 한다. 그래서 조소앙은 사상가이며 정치가이면서 지사의 인격을 겸전한 민족지도자로 기억되어야 할 것으로 안다.

---

57) 이태호, 『압록강변의 겨울』, 다섯수레, 1991, p.430에 조소앙은 북에서 1958년 9월 9일 병사했다고 하는데, 삼균학회 趙萬濟 회장은 북한 <노동신문> 편집국장을 지낸 노○○씨의 말이라고 하면서, 조소앙의 시신이 대동강에서 떠올랐다는 것이고, 그것은 자결을 의미한다고 1998년 9월 3일 필자에게 말했다.

해방전후 신익희의 노선과 활동

도 진 순

1. 머리말

　해공(海公) 신익희(申翼熙, 1894~1955)는 일제 식민지하 민족운동과 해방 이후 한국현대정치를 이해하는 데 필수적인 인물이지만, 그에 대한 학술적 접근은 일천한 실정이다. 1980년대까지 그에 대한 관심은 추모적인 성격이 짙은 전기나 자료집[1]이나 단편적인 일화들에 대한 잡지의 글 몇 편[2]에 불과한 실정이었다.

---

1) 국민대학 동창회, 『해공 신익희선생 연설집』, 1958; 5·5의거동지회, 『해공 신익희선생 약전』, 1967; 해공선생기념회, 『해공 신익희선생 소전』, 1976; 유치송, 『해공 신익희 일대기』, 해공선생기념회, 1984; 신창현, 『해공 신익희』, 해공신익희선생기념회, 1992.

그에 대한 학술적인 접근은 1990년대 중반 이후 시작되었으며, 이것은 좌우와 남북을 포괄하는 한국현대사 연구의 진전과 직·간접의 관련을 지니고 있다. 해방 직후 그의 은밀하고도 중요한 역할에 대한 새로운 자료들이 발굴되었고,[3] 이를 기반으로 현대사 전반에 대한 연구의 진척과 더불어 신익희도 분석되었다.[4] 특히 사망한 지 40주년이 되는 1996년, 그에 대한 학술적 검토가[5] 본격적으로 정리되기 시작했다. 본 연구는 이러한 연구성과에 주목하면서, 신익희의 동선(動線)을 추적하여 그의 생애와 활동을 전반적으로 정리하고, 아울러 몇 가지 쟁점과 특성에 대해 사회적 관계를 중심으로 분석하고자 한다.

---

2) 최석채, "신익희론," 『정경연구』, 1965년 9월; 이상돈, "정통야당으로 본 정치지도자상: 인촌·고하·해공·유석을 중심으로" 하, 『신동아』, 1981년 12월; 윤재걸, "해공 미망인 김해화 인터뷰: 의장동지의 죽음 밝혀주오," 『정경문화』, 1982년 9월; 이수언, "권력에의 계단: 역대 야당지도자 군상," 『정경문화』, 1985년 6월; 김진배, "선거를 통해 본 해방40년 ⑧: 못살겠다 갈아보자," 『월간조선』, 1987년 3월; 강준식, "신익희는 우익쿠데타를 기도했었다," 『월간다리』, 1990년 3월.

3) Counter-Intelligence Corps(CIC) Report, "Shin Ikhi," File No.8~18(현대사연구소, 『미군 CIC 정보보고서』 1, 중앙일보사, 1996).

4) 서중석, 『한국현대민족운동 연구』 2, 역사비평사, 1996; 동, 『한국민족주의와 남북관계: 이승만·김구시대의 정치사』, 서울대 출판부, 1997.

5) 조동걸, "해공 신익희의 임시정부활동," 해공신익희선생기념회, 『해공 신익희 사상 강연논문』, 1996; 한시준, "독립운동 정당과 해공 신익희," 앞의 책, 1996; 박진희, "해방직후 정치공작대의 조직과 활동," 『역사와 현실』 21, 1996.

2. 한말·일제하의 신익희

1) 전통 가정에서 근대 민족운동으로

신익희는 1894년(甲午) 경기도 광주(廣州)군에서 평산(平山) 신씨(申氏) 단공(檀公)과 그의 두번째 부인 동래(東來) 정씨(鄭氏) 경랑(敬娘) 여사 사이에서 막내(5남)로 태어났다.6) 먼저 그가 태어난 갑오년은 농민전쟁과 청일전쟁으로 한반도와 동북아 근대사의 향방이 결정되는 역사적 시기였다. 그는 이 시기에 태어난 민족운동가 대부분이 그러하듯 격동의 역사를 체험하게 된다.

그의 출생에서 또 하나의 특징은 가문과 가정이었다. 그의 집은 양반가문이라고는 하지만 당시는 평범한 농가집이었으며, 더욱이 그는 연로한 아버지와 두번째 부인 사이에서 막내로 태어났다. 아버지는 그가 태어날 때 64세였고, 막내(신익희)가 12세 때, 즉 성인이 되기 이전에 사망했다. 신익희는 세 살 연장인 조카 정균(鼎均)과 함께 맏형으로부터 『천자문』을 배우면서 수학과정을 시작했다.7) 이러한 가정사가 그에게 미친 영향은 내밀한 부분으로 정확히 가늠할 수는 없지만, 그가 '아버지 중심의 전통가

---

6) 신익희에 대한 전기적 정리는 앞서 언급한 해공선생기념회, 『해공 신익희선생 소전』; 유치송, 『해공 신익희 일대기』; 신창현, 『해공 신익희』 등에 의거했다.

7) 유치송, 『해공 신익희 일대기』, p.65.

정'에 얽매이지 않고 보다 넓은 세계로 찾아 나서고, 나아가 전통적인 의리나 명분보다는 실용주의적 선택을 하는 배경이 되었을 것이다.8)

자신의 회고에 의하면 신익희는 5세 때 맏형에게 『천자문』을 배운 이래 7년 동안 유교경전인 사서삼경과 『수호전』, 『반계수록』, 『연려실기술』 등을 학습했으며, 특히 글씨 쓰기에 능했다고 한다. 그는 1905년(12세) 광주 남한산성에 있는 보통학교 3학년과정에 편입하여 한문·소학과 더불어 산술 등 약간의 신학문을 배웠으나, 반년 정도 만에 자퇴했다.9) 부친의 3년상을 치르고 난 뒤 15세 때, 그는 한 살 연상인 이승희(李承姬) 여사와 결혼했다. 이처럼 출생에서 결혼까지 신익희는 대체로 고향에서 '전통의 시대'에 살고 있었다고 정리할 수 있다.

결혼한 이후 신익희는 새로운 세계를 찾아 상경하여 관립 한성외국어학교(漢城外國語學校) 영어과(英語科)에 입학했다. 개항 이후 통역관이나 외교관 양성의 필요성이 증가하면서, 정부는 관립 일어·영어·법어(法語)·덕어(德語)·한어(漢語)학교 등 다섯 가지 외국어학교를 세웠다. 그러나 1905년 을사늑약으로 외교권이 박탈되고 난 뒤인 1907년 외국어학교는 '실무에 적당한 자'를 양

---

8) 흔히 우리는 '민족'이라는 하나의 개념으로 근대의 충격을 해석하고 있지만, 전통양반, 몰락양반이나 서자 또는 중인, 그리고 일반인이 받아들이는 근대의 세계는 서로 달랐다. 이에 대해서는 앞으로 별도의 분석을 요한다.

9) 그는 보통학교의 수준이 낮아 도움이 되지 않는다고 판단하여 자퇴했다(신익희, "나의 소학교시절," "나의 회고," 유치송, 『해공 신익희 일대기』, pp.71-74)고 하지만, 그의 자퇴는 그해 부친의 사망과 관련이 있었을 것으로 추측된다.

성하는 기관으로 그 기능이 축소되었다.10) 이 시기에 이르면 신학문을 접하는 풍조는 이미 적지 않았지만, 한성외국어학교를 선택하는 것은 전통 유력 양반의 경우 드문 일이라 할 수 있다. 신익희가 이곳을 선택하게 된 것은 그의 신학문에 대한 욕구 이외에도 가난한 집안형편이 작용한 듯하다.11)

신익희가 한성외국어학교 2학년일 때 경술국치가 일어났으며, 이듬해 일제는 한국정부가 세웠던 법학교(法學敎)・성균관(成均館)・한성사범학교・한성외국어학교 등을 폐교했다. 재학중인 학생 중 3학년에게는 그대로 졸업장을 수여했고, 2학년에게는 경성보통고등학교에 편입할 기회를 주었다.12) 신익희는 이때 한성외국어학교를 졸업하고 고향으로 돌아왔다. 그의 근대로의 입문은 이렇게 좌절되는 듯했다. 그러나 고향생활 1년 정도 되었을 때, 외국어학교의 동급생인 윤홍섭(尹弘燮)의 도움으로 일본유학 길에 오르게 되었다.13)

신익희가 근대세계와 본격적으로 만나는 것은 바로 청년기 4년간(1912년 19세~1916년 23세)의 일본유학이었다. 그는 와세다(早稻田)대학 정치경제학부에서 수학하면서 안재홍・송진우・문일평 등과 유학생단체 학우회(學友會)를 조직하고, 총무・평의회장・회장 등을 역임했으며, 기관지 『학지광』(學之光)도 발행했다. 또한

---

10) 이광린, "구한말의 관립외국어학교," 『한국개화사연구』, 일조각, 1981(중판), p.152.
11) 이범석은 당시 신익희의 가세가 '말이 아닌 모양'이라고 회고한 바 있다. 유치송, 『해공 신익희 일대기』, p.92.
12) 이광린, "구한말의 관립외국어학교," 『한국개화사연구』, 일조각, 1981(중판), pp.156-157.
13) 앞의 책, p.99.

장덕수·백남훈 등과 더불어 조선학회(朝鮮學會)를 조직하기도 했다.14) 이러한 일본 유학생활은 신익희의 안목을 성장시키는 데 결정적 역할을 했을 뿐만 아니라, 와세다(早稻田) 인맥은 그의 민족운동과 정치활동에 중요한 기반이 되었다.15)

당시 민족운동진영에서 신교육을 받거나 일본에 유학한 지식인들이 일반적으로 선택하는 것은 교육계몽운동이었다.16) 신익희 역시 일본 유학중에도 방학이면 귀국하여 고향 광주에 광동의숙(廣東義塾)을 설립하는 등 계몽활동을 전개했고, 1916년(23세) 와세다대학 졸업 후 향리의 동명강습소(東明講習所)에서 신문화운동을 전개했다.17) 이듬해 상경하여 그는 본격적으로 교육운동에 종사했다. 1917년 동향 선배 안일영의 소개로 중동학교(中東學校) 교유(敎諭)로 봉직한 바 있으며, 1918년(25세)부터 최린(崔麟)의 도움으로 고려대 전신인 보성법률상업전문학교(普成法律商業專門學校)에서 교수 생활을 시작했다.18)

---

14) 앞의 책, pp.103-112.
15) 예컨대 2대국회의 경우, 早稻田 출신 의원은 15명이나 되었다. 신익희는 1947년에 창립된 早稻田同窓會 초대 회장을 맡아, 서거하기 직전까지 연임했다. 그는 근 10년간 '早稻田동창'의 정치적 대부였다.
16) 조동걸, "한말 계몽운동의 사상구조와 독립운동상의 위치," 『한국민족주의의 성립과 독립운동사연구』, 지식산업사, 1989.
17) 유치송, 『해공 신익희 일대기』, pp.112-114, 127-129.
18) 앞의 책, pp.128-134.

2) 3·1운동과 상해임시정부 참여

세계정세에 관심 있는 식민지 지식인들은 제1차대전의 종전과정과 새로운 국제질서의 태동을 주시하고 있었다. 신익희도 송진우 등과 더불어 1917년부터 독립청원 등에 대해 논의했다고 한다.[19] 그런데 1918년 와세다대 동창이던 장덕수가 중국 상해에서 김규식·여운형 등과 신한청년당(新韓青年黨)을 결성하고, 국내 인사와의 연계를 위해 귀국했다. 장덕수를 만난 신익희는 국내운동의 해외 연결 필요성을 느끼고, 1918년 11월 만주 동삼성(東三省) 일대와 상해를 방문했다.[20] 그가 만주·중국지역을 선택한 것은 조직적 협의하에 이루어진 분업적인 행동인지 단순한 개인적 판단에 의한 것인지 정확히 알 수 없지만, 중국·만주지역은 당시 민족운동의 선진지대였다. 1918월 11월 14일 만주 길림성 왕청현에서는 중광단(重光團)이 주동이 되어 '무오독립선언서'(戊午獨立宣言書)가 발표되어 분위기가 고양되었고, 상해에서도 신한청년당이 결성되는 등 민족운동가들의 움직임이 활발해지기 시작했다.[21]

---

19) 1917년 겨울부터 신익희 등은 제1차 세계대전의 종식을 전망하면서 독일에 독립을 청원할 계획을 세웠다고 한다. 그러나 독일이 패망하고 미국의 윌슨 대통령이 민족자결주의를 선언하자, 신익희·송진우 등은 천도교 교주인 손병희와 연결되어 거족적인 독립운동을 모의했다고 한다. 앞의 책, pp.150-151.
20) 유치송, 『해공 신익희 일대기』, pp.152-159.
21) 3·1운동 이전의 독립운동에 대해서는 조동걸, "임시정부 수립을 위한

신익희는 상해에서 동경의 '2·8독립선언' 소식을 듣고, 2월 말 귀국 길에 올라 만주에서 3·1운동 발발 소식을 들었다. 3월 3일 서울에 도착한 그는 3월 5일 '제2차 만세시위사건'에 적극 참여했다. 그는 3월 14일 경기도 대의원에 추대되었고, 3월 19일 상해로 망명했다.22) 1918년 말 1919년 초 신익희의 동선을 보면, 세계대전과 이로 인한 민족운동의 새로운 정세를 민감하게 주목하고 있었음을 알 수 있다. 또한 중국 여행과 3·1운동 참여로 그는 국내 교육계몽운동가에서 망명 민족운동가로 발전할 수 있었다.

상해로 망명한 신익희는 대한민국 임시정부 내 소장그룹의 핵심으로 활동했다. 4월 10일 신익희는 임시의정원에 경기도 의원으로 참여했고, 그 다음날 조각에서 내무차장에 선임되었다. 또한 조소앙(趙素昻)·이광수(李光洙) 등과 함께 임시헌장(헌법)의 기초심사위원으로 활약했다. 또한 4월 22일 임시정부 조직을 강화하기 위해 차장제(次長制)를 없애고 각부의 위원제(委員制)를 채택할 때, 신익희는 내무부 수석위원에 선임되었다.23) 당시 내무부의 업적 가운데 가장 괄목되는 것이 상해지역에 거류민단(居留民團)을 설치하고, 국내 13도와의 연락체로서 연통부(聯通府)를 조직한 것이다. 이것은 국무총리대리 안창호(安昌浩)의 창안이었지만, 실무는 신익희가 주관했다.24)

1917년의 대동단결선언,"『한국민족주의의 성립과 독립운동 연구』, 1989 참고.

22) 유치송, 『해공 신익희 일대기』, pp.167-170.

23) 조동걸, "해공 신익희의 임시정부 활동," pp.2-3. 상해임시정부 시절 신익희의 활동은 조동걸의 이 논문에 많이 의존했다.

24) 조동걸, "임시정부 초기활동과 정부의 면모,"『독립운동사』4, 독립운동사편찬위원회, 1972, p.269.

1919년 8월 5일 차장제가 부활되었는데, 당시는 각부의 총장들이 상해를 떠나 국무총리대리 안창호가 각부의 차장들을 거느리고 있던 차장내각(次長內閣)의 시기였다. 이때 신익희는 앞으로 정부 통합에서 중요한 역할을 하는 법무차장을 담당했다. 3·1운동 이후 국내에 대조선공화국(한성정부), 노령의 국민의회, 상해에 대한민국임시정부 등이 수립되자, 한성정부를 정통으로 하는 세 정부 통합이 합의되어 헌법개정이 추진되었다.25) 신익희는 이 통합헌법개정에 주도적인 역할을 했으며, 군사조항 논의에서는 "우리 정부의 정강과 주의는 군사본위(軍事本位)"라 천명했다.26)

상해임시정부는 1919년 9월 6일 통합헌법을 통과시키고 이승만을 '대통령'으로 선출했다.27) 그러나 이승만은 상해로 오지 않고 워싱턴에서 구미위원부를 설치하고 독자적으로 활동하면서, 미주 동포의 의연금을 정부의 출입절차를 밟지 않고 사용했다. 그러자 상해에서는 이승만이 '독립운동의 방해자'라는 비난의 소리가 높아 갔다. 1920년 3월 22일 신익희는 윤현진·계봉우·

---

25) 조동걸, "대한민국 임시정부의 조직," 『한국민족주의의 발전과 독립운동사연구』, 지식산업사, 1993, p.322.
26) 조동걸, "해공 신익희의 임시정부활동," pp.3-4.
27) 이승만은 여러 임정에서 추대된 직함 중에 최고위직인 '집정관총재'에 상당한 애착을 가졌다. 그런데 그는 외교활동을 하는 도중에 집정관총재를 Chief Executive라 할 수 있음에도 대통령을 의미하는 President를 줄곧 사용했다. 이 문제로 이승만은 '대통령을 참칭한다'는 비난을 받았지만, 결국 9월 6일의 헌법개정을 통해 대통령에 선출되었다. 당시 이승만을 위임통치의 제안자라고 강력히 비난하던 신채호와 박용만이 이미 임시정부를 떠났기 때문에, 이날의 이승만 선출에는 큰 논란이 없었다. 이한우, 『이승만 90년』 상, 조선일보사, 1995, pp.141-142; 조동걸, "해공 신익희의 임시정부 활동," p.4.

윤기섭 등 16의원과 함께 '대통령 내도 촉구안'(大統領來到促求案)을 상정·통과시켰다.28) 이러한 상황에서 이승만은 1920년 말 상해에 왔지만, 박은식·안창호·이동휘 등 중진인물은 모두 외면을 했고 그의 명성에 호기심을 갖는 청년들이 그를 살폈다. 특히 신익희는 1921년 봄 이승만의 북경·남경·항주·소주 순행에 동행했다.29)

이승만이 상해에서 해결한 문제는 없었고, 그가 돌아간 후 상해정국은 더욱 혼란에 빠져 임시정부는 무정부상태에 들어갔다. 이때 신익희는 국민대표대회 소집을 건의하면서, 이승만 대통령 불신임운동을 일으켰다. 대통령 불신임안이 통과되었지만,30) 이승만은 헌법상의 근거가 없다고 사퇴를 거부하여 상해정국은 극도의 혼란에 빠져들었다. 또한 박은식·안창호·여운형·원세훈·김동삼 등 독립운동계의 중진들이 주도한 국민대표자대회가 1923년 1월부터 상해에서 개최되었다. 결국 1925년 3월 탄핵안 결의로 이승만은 대통령에서 추방되었다. 신익희는 이승만 대통령 불신임안을 추진했지만 국민대표대회가 열리고 이승만이 탄핵되는 시기에는 상해에 없었다. 그는 이미 1922년 후반 임시정부가 가능성이 없다고 판단하고 상해 생활을 마감하고 독자의 길을 모색했다.

---

28) <독립신문>, 1920년 3월 23일 및 3월 25일.
29) 유치송,『해공 신익희 일대기』, pp.257-261.
30) 1922년 3월 11일 신익희는 윤기섭·양기하·손정도·연병호 의원 등과 함께 '국민대표회의 소집 건의안'을 제출했으며, 이것이 받아들여지지 않자 6월 17일 신익희의 동의로 대통령 불신임안이 통과되었다 (<독립신문>, 1922년 4월 15일; 조동걸, "해공 신익희의 임시정부활동," pp.4-5 참고).

3) 임정 밖에서의 민족운동

(1) 중국국민당에 대한 기대

1922년 신익희는 가족 일행을 북경에 안착시킨 후, 1923년 자신은 중국 국민당정부 제2군에서 섬서성(陝西省) 독군(督軍)을 맡고 있는 서안(西安)의 호경익(胡景翼) 막하로 들어갔다. 그는 호경익의 고문으로 활동하면서 한중연합 항일 게릴라부대인 분용대(奮勇隊)를 조직했다고 한다.[31] 그가 임시정부를 떠나 군대를 찾아간 것은 한편으로는 '군대본위' 노선으로 독립군 양성의 길을 선택한 것이다. 그러나 동북삼성(東北三省)으로 가지 않고 서안(西安) 호경익(胡景翼) 부대로 찾아간 것에서 짐작할 수 있듯이, 그것은 중국측의 도움을 기대한 것이었다. 즉 이 시기 신익희는 독자 무력보다는 중국의 지원을 받는 군사활동에 관심을 두고 있었다.

그런데 신익희가 서안 중국군 부대에 온 지 1년 반 정도 지난 1925년,[32] 호경익(胡景翼)이 갑자기 사망하고 악유준(岳維峻)이 후임을 담당했다. 신익희의 회고에 의하면 악유준(岳維峻)은 그에게 성내의 아편거래를 담당하고 수익의 일부를 독립자금으로 쓸 것을 제의했다고 한다.[33] 그러나 신익희는 이것을 거절하고 임시정

---

31) 호경익은 해공에게 육군중장 계급을 수여하고 고문이란 직함을 주었다고 한다. 유치송, 『해공 신익희 일대기』, pp.297-302; 신창현, 『해공 신익희』, pp.148-149.

32) "햇수로는 3년, 실질적인 기간으로는 1년 반"(유치송, 『해공 신익희 일대기』, p.300)이라는 기술에 따르면 그것은 1925년일 것이다.

부가 있는 상해로 다시 돌아왔다.

그가 상해로 돌아왔을 당시 임시정부는 국민대표자대회, 이승만 대통령 탄핵 등을 거치면서 극도로 침체되어 있었다. 1925년 임시정부의 수뇌가 박은식·이상룡·홍진·김구 등 네 번 바뀌는 등 혼미를 거듭했다. 신익희는 3개월 만에 다시 상해를 떠나 북벌 장도에 나선 국민군 군대를 찾아갔다. 우여곡절 끝에 그는 남창(南昌)에서 장개석을 만났지만, 한중합작에 대한 어떠한 지원도 얻어내지 못했다.

이후 신익희는 장사(長沙), 안휘(安徽), 하남(河南), 호남(湖南), 귀주(貴州), 운남(雲南) 등 중국 각지를 두루 편력했고, 결국 한구(漢口), 낙양(洛陽)을 거쳐 다시 서안(西安)으로 들어가 풍옥상(馮玉祥)과 연계를 맺게 되었다. 그러나 풍옥상도 한국의 독립운동에 대해 이해심이 깊지 않았을 뿐만 아니라 1929년 국민당군에 의해서 거세되었다.[34]

(2) 한국혁명당

1929년 신익희는 결국 별다른 성공을 거두지 못하고 가족을 서안(西安)에 남겨둔 채 혼자 국민당정부의 수도인 남경(南京)으로 갔고, 그곳에서 호경익(胡景翼)의 막료였던 우우임(于右任)을 만났다. 남경정부에서 심계원장(審計院長)을 맡고 있는 그의 배려로, 신익희는 심계원(審計院)에서 사무관급인 천임관(薦任官)으로

---

33) 유치송, 『해공 신익희 일대기』, p.311. 당시 중국의 지방군벌들이 아편밀매와의 관련이 만연되었다는 것은 널리 알려진 사실이다.

34) 앞의 책, pp.332-335.

주로 장개석의 정치자금을 정리했다. 또한 신익희는 잠시 남경대학(南京大學)에서 교편을 잡기도 했다.35)

당시 민족운동계에는 민족유일당을 결성하려는 운동이 일어났지만, 1929년 10월 좌익측의 탈퇴로 운동은 실패하고 말았다.36) 유일당운동이 실패로 돌아가자, 각 정파는 상해와 만주를 중심으로 독자적인 정당을 결성하기 시작했다. 1929년 말~1930년 초 상해에서는 좌익측이 유호한국독립운동자동맹(有濠韓國獨立運動者同盟), 임시정부를 중심으로 하는 우익측은 한국독립당(韓國獨立黨)을 각각 결성했다. 또한 만주에서도 조선혁명당(朝鮮革命黨), 한국혁명당(韓國獨立黨) 등이 결성되었다. 당시 신익희는 임시정부가 있는 상해도, 독립군이 있는 동북삼성도 아닌, 중국 국민정부의 수도 남경에 머물고 있었다.

1932년 1월37) 신익희는 남경에서 한국혁명당 결성을 주도하여, 외교부장을 담당했다.38) 중국과의 협조를 고려할 때 외교부장은

---

35) 유치송, 『해공 신익희 일대기』, p.337; 신창현, 『해공 신익희』, p.168.
36) 김희곤, "한국유일독립당 촉성회에 대한 일고찰," 『한국학보』 33, 일지사, 1983.
37) 한국혁명당의 결성일자에 대해서는 1929년(독립운동사편찬위, 『독립운동사』 4권, 1975, pp.726-727), 1932년 2월 상순(김정명, 『조선독립운동』 2, 東京: 原書房, 1967, p.495; 국회도서관, 『한국민족운동사료: 중국편』, 1976, p.751) 등 차이가 있다. 그런데 한시준("독립운동 정당과 해공 신익희," p.21, 주 63)은 상해 韓國獨立黨의 기관지 『上海韓聞』 제2호(1932년 1월 11일)에 "韓國革命黨 産婆役은 申翼熙"라는 제하의 기사(국사편찬위원회, 『한국독립운동사: 자료 20』, 1991, p.308)를 근거로 1932년 1월로 비정하고 있다. 여기서는 한시준의 견해를 따르고자 한다. 이하 한국혁명당·신한독립당·민족혁명당에서의 신익희의 활동은 한시준의 논문에 많이 의존했다.

한국혁명당에서 가장 중요한 직책 중의 하나였다. 한국혁명당은 중국정부나 중국군에 복무하고 있는 한인들(申翼熙, 金弘壹, 崔容德, 成周寔, 羅月煥)[39]과 상해한독당에 불만을 가진 사람들(尹琦燮, 鄭泰熙, 延秉昊, 金思濈)이 중심이 되었다. 이들은 대체로 민족주의 계열의 인물이지만, 나월환(羅月煥)과 같은 무정부주의 계열 인사나 정태희(鄭泰熙)와 같은 좌익계 인사도 포함되어 있었다. 상해한국독립당에서 한국혁명당을 '백적흑(白赤黑)의 혼혈아(混血兒)'라 비판한 것도 이런 이유 때문이었다.[40]

(3) 신한독립당

1934년 2월 한국혁명당은 중국 관내지역으로 이동해 온 만주 한국독립당과 합당하여 신한독립당(新韓獨立黨)을 결성함으로써 창립 2년 만에 해소되었다. 1930년 7월 만주에서 이청천 등이 결성한 한국독립당은 당군(黨軍)으로 한국독립군(韓國獨立軍)을 결성하여 활발하게 활동했지만, 1933년 후반에 이르러 한국독립군이 존폐의 위기에 처하게 되었다.[41]

---

38) 한국혁명당의 간부진은 다음과 같다. 이사장: 윤기섭, 총무(비서장): 정태희, 외교부장: 신익희, 재정부장: 김홍일. 한시준, "독립운동 정당과 해공 신익희," p.21.

39) 신익희 이외는 모두 중국군에 복무하고 있는 사람들이다. 신익희도 중국군 胡景翼부대에서 奮勇隊를 조직한 경험이 있기 때문에 이들과 결합하기 쉬웠을 것이다.

40) 한시준, "독립운동 정당과 해공 신익희," p.308.

41) 한국독립군은 중국의 反日抗日軍과 연합하여 대일항전을 전개했는데, 1933년 10월 중국의 吳義成 부대에 의해 기습·포위되고, 총사령관 이

만주 한국독립당은 중국군과 임시정부의 지원을 요청하기 위해 신숙(申肅) 등을 상해와 남경에 파견했다. 이규보·오광선 등은 김구측의 박찬익(朴贊翊)을 만나 교섭하여 이미 관내 이동에 필요한 자금을 받아갔으며,42) 신숙은 남경에서 한국혁명당의 신익희와 만나 합당교섭을 진행시켰다. 1933년 11월 중앙집행위원장 홍진(洪震), 한국독립군 총사령 이청천(李靑天)을 비롯한 만주 한국독립당·군의 지도자들은 이미 중국 관내지역으로 이동하기 시작하여 북경에 도착했고, 신익희와 합당을 교섭한 신숙도 만주로 올라가던 중 북경에서 이들을 만났다. 북경에서 만주 한국독립당은 임시중앙집행위원회를 개최했는데, 여기서 김구측이 아닌 한국혁명당과의 합당을 추진하기로 결정했다.43) 이리하여 1934년 2월 남경에서 양측의 합당 대표들이 회동했고, 3월 1~8일 대표자회의를 개최하여 신한독립당(新韓獨立黨)을 창당했다.44) 한국혁

청천을 비롯하여 300여명이 감금당한 사건이 일어났다. 이청천 등은 곧 석방되었지만, 이 사건을 계기로 한국독립군은 존폐의 위기에 처하게 되었다. 지헌모,『청년장군의 혁명투쟁사』, 삼성출판사, 1949, p.151; 장세윤, "한국독립군의 항일무장투쟁 연구,"『한국독립운동사 연구』 3, 독립기념관 한국독립운동사연구소, 1989, p.367; 한시준, "독립운동 정당과 해공 신익희," p.23.

42) 당시 김구측은 윤봉길 의사의 성공으로 장개석정부의 지원을 받아 洛陽軍官學校에 한인특별반을 설치하여 한인청년들의 군사훈련을 추진하고 있었다. 김구측은 여기에 이청천을 책임자로, 한국독립군을 비롯한 만주지역의 한인청년들을 입교시킨다는 계획 아래 朴贊翊이 만주 한독당과 교섭했다. 한시준, 앞의 글, p.23.

43) 신숙,『나의 일생』, 일신사, 1963, p.124.

44) 중앙위원장: 洪震, 총무위원장: 尹琦燮, 조직위원장: 金元植, 선전위원장: 延秉昊, 군사위원장: 李靑天, 민중위원장: 趙擎韓, 조사위원장: 成周

명당의 신익희는 신숙과의 합당교섭을 주도했고 신한독립당에서도 교섭위원장을 맡았다. 아마도 중국과의 교섭에 그의 경력과 활약을 기대한 것이라 평가된다.

신한독립당의 창당은 중국 관내 세력과 만주세력이 최초로 통합한 것으로 평가할 수 있고, 신익희 또한 김구의 상해 한국독립당, 김원봉의 의열단 등과 더불어 독립운동 정당의 지도적 인물로 부각된 측면이 있다. 그러나 창당과정에서의 대립으로 임시정부 및 상해 한국독립당과의 관계는 더욱 소원해지게 되어, 이후 그는 임시정부의 밖을 돌게 되고 조선민족혁명당 등 좌익들과 동거하게 되는 원인이 되었다.

(4) 민족혁명당

1930년대에 들어와 일제의 만주침략과 상해사변 발발이라는 정세변화에 따라 중국 관내 독립운동 진영에서는 전선통일운동이 일어나, 1932년 10월 상해의 한국독립당, 만주의 조선혁명당, 남경의 한국혁명당과 의열단, 북경의 한국광복동지회 등 5개 단체가 참여하는 각단체연합주비위원회(各團體聯合籌備委員會)를 구성했다.45) 이 때 신익희는 한국혁명당 대표로 준비위원회에 참여하여, 김규식(한국광복군동지회), 김두봉(한국독립당), 박건웅(의열단), 최동오(조선혁명당) 등과 함께 상무위원으로 선정되어 통일전선운동에 직접 관여했다. 5인위원회는 연합단체의 명칭을 한국대

寔, 교섭위원장: 申翼熙. 조경한, 『白岡回顧錄』, 한국종교협의회, 1979, p.218; 한시준, "독립운동 정당과 해공 신익희," pp.23-24.
45) 한상도, "한국대일전선통일동맹과 민족협동전선운동," 『윤병석교수화갑기념 한국근대사논총』, 지식산업사, 1990, p.920.

일전선통일동맹(韓國對日戰線統一同盟)으로 결정하고 규약과 창립 선언문 등을 기초했다. 그해 11월 통일동맹이 정식으로 발족했고 신익희는 다시 집행위원으로 선정되었다.46) 그러나 통일동맹은 각 단체의 협의기관이었기 때문에 실질적인 영향력을 행사하지 못했고 통일운동은 한동안 지연되었다

한국대일전선통일동맹은 1934년 3월 남경에서 제2차 대표자대회를 열고 '대동단결체(大同團結體) 조직방침안(組織方針案)'을 주요 의제로 논의했다. 여기서 "각 혁명단체를 전부 해소하고 단원들을 통일동맹에 합류시켜 단일대동맹체(單一大同盟體)를 조직할 것"과, "이를 위해서 혁명단체 밖에 있는 임시정부를 폐지할 것" 등의 방안이 제기되었다.47) 임정폐지 문제가 대두되면서 대동단결체 조직은 더 이상 진행되지 못했다. 의열단은 단일대당 결성에 적극적이었고 상해 한국독립당은 임시정부 해체에 대해 대체로 부정적인 입장을 지니고 있었다. 당시 신익희는 신한독립당 대표로 이 대회에 참여했는데, 신한혁명당 창당 이래 상해 한국독립당과 관계가 좋지 않았고 특히 만주 한국독립당과 합당과정에서 임시정부측과 대립했기 때문에, 신익희와 신한독립당은 임시정부의 해체를 지지했다.48)

임정폐지 문제로 지연되고 있던 단일신당운동은 1935년 5월

---

46) 당시 집행위원으로는 한국독립당의 金枓奉·李裕弼, 의열단의 朴健雄·韓一來, 조선혁명당의 崔東旿·柳東說, 한국혁명당의 尹琦燮·申翼熙, 한국광복동지회의 金奎植 등 9명이었다. 한상도, "한국대일전선통일동맹과 민족협동전선운동," pp.920-921.

47) 김정명, 『조선독립운동』 2, p.514.

48) 김영범, "의열단의 민족운동에 관한 사회사적 연구," 서울대 박사학위논문, 1994, p.299.

25일 상해 한국독립당이 임시대표회의에서 단일신당 참여를 당론으로 결정하면서 급진전되었다. 1935년 6월 20~28일 남경에서 예비회의, 6월 29일부터의 각 혁명단체 대표자대회를 거쳐, 7월 5일 신당 창립식을 거행했다. 이와 더불어 한국독립당, 의열단, 신한독립당, 조선혁명당, 대한독립당 등 5개 단체는 공동명의로 해체를 선언했다.49) 신익희는 민족혁명당 결성과정에 적극 활동했고 이청천・윤기섭 등과 신한독립당 몫의 중앙집행위원장으로 선출되었다.50)

그러나 민족혁명당은 결성 직후부터 주도권과 사상적 차이를 둘러싸고 갈등이 일어났다. 창립 두 달 만인 9월에 한국독립당의 조소앙, 박창세, 문일민 등은 김원봉의 의열단이 주도하는 데 반발하여 탈당하여 한국독립당을 재건했다. 이어서 신한독립당의 간부였던 홍진, 조성환, 민병길 등도 탈당하여 한국독립당에 합류했다.51) 또한 1937년에 이르러서는 이청천을 비롯한 신한독립당계와 최동오를 중심으로 하는 조선혁명당계가 파란을 일으키며 탈당했다. 김원봉은 당의 명칭을 조선민족혁명당(朝鮮民族革命黨)으로 변경했으며, 당간부회의를 소집하여 이청천・최동오 등 11명을 제명했다.52) 김원봉측에 의해 축출당한 11명은 신익희와

---

49) 강만길,『조선민족혁명당과 통일전선』, 화평사, 1991.
50) 중앙집행위원으로는 한국독립당: 金枓奉・趙素昻・崔錫淳, 의열단: 金元鳳・尹世胄・陳義路, 신한독립당 李靑天・申翼熙・尹琦燮, 조선혁명당: 崔東旿・金學奎・金活石, 대한독립당: 金奎植・李光濟・李貫一 등이다. 김정주,『한국통치자료』10, p.718 참고.
51) 김정명,『조선독립운동』2, p.600.
52) 독립운동사편찬위원회,『독립운동사』4, 1975, pp.669-670; 김정명,『조선독립운동』2, pp.600-603, 669-670 참고.

가까운 신한독립당계 인사들이었으며, 1937년 4월 하순 남경에서 별도로 조선혁명당(朝鮮革命黨)을 창당했다.

이와 같이 민족주의계열의 인사가 민족혁명당에서 탈당할 때, 특히 자신과 함께 당을 한 적이 있는 신한독립당 인사들이 제명될 때 신익희는 김원봉측과 입장을 같이했다. 그는 1937년 1월 전당대표대회에서 중앙집행위원으로 재선되었을 뿐만 아니라 김원봉 등 6명으로 구성된 상무집행위원이었으며, 이때 신설된 외무위원회의 주임을 맡고 있었다. 이청천 등의 제명처분은 당간부회의에서 결정되었는데, 그의 위치로 보아 신익희가 간부회의에 참석하지 않을 수 없었을 것이다.[53]

(5) 조선청년전위동맹

신익희는 1938년 5월 김원봉 등과 함께 당에서 양성한 성자군관학교(星子軍官學校) 학생들[54]을 방문하기도 했고, 학생대표들을 참석시킨 가운데 개최된 제3차 전당대회에서 또다시 중앙집행위원으로 선출되었다. 그런데 1938년 6월 10일 신익희는 당중앙집행위원인 최창익, 김학무와 함께 당원 1명과 성자군관학교(星子軍官學校) 졸업생 35명[55]을 데리고 민족혁명당을 탈당했다.

---

53) 한시준, "독립운동 정당과 해공 신익희," p.29.
54) 김원봉은 1937년 12월 한인청년 90여 명을 모집하여 星子軍官學校에서 군사훈련을 받도록 했다. 이들은 모두 민족혁명당에 입당했고, 김원봉이 1930년대 전반 양성한 朝鮮革命幹部學校 출신들과 더불어 김원봉의 주요한 세력기반이었다. 한시준, 『한국광복군 연구』, 일조각, 1993, p.38.
55) 1938년 5월 星子軍官學校 학생들은 6개월 훈련과정을 마치고, 교관

당시 민족혁명당에는 최창익, 허정숙, 한빈 등 공산주의자그룹과 이를 따르는 급진학생들과, 김원봉을 비롯한 당간부들과 사상·이념적 갈등이 있었다. 1938년 5월 제3차 전당대회에서 최창익 등은 동북(東北) 무장진출을 결정했고, 김원봉측은 중국 관내활동에 주력하고자 했다.56) 그런데 신익희는 1937년 민족혁명당내 우파들의 탈당에 대한 제명조치에 동의하면서 1938년 좌파(공산주의자)들의 탈당에는 동조했다.

최창익과 김학무 등은 민족혁명당을 탈당한 이후 무창(武昌)에서 한구(漢口)로 옮겨가 조선청년전시복무단(朝鮮靑年戰時服務團)을 결성하고, 만주진출을 선전하며 청년들을 규합했다. 반면 김원봉은 조선의용대(朝鮮義勇隊)를 편성하기 위해 중국측과 교섭하고 있었고, 전시복무단의 청년들을 여기에 참여시키고자 노력했다. 1938년 9월 조선청년전시복무단은 조선청년전위동맹(朝鮮靑年前衛同盟)이라 개칭하고, 김원봉이 주도하는 민족전선(民族前線)에57) 가맹했고, 10월에는 김원봉이 창설한 조선의용대(朝鮮義勇隊)에 편성되었다.58)

전위동맹이 조선의용대에 편입되고 난 뒤 독자적인 활동기반

김홍일의 인솔하에 6월 2일 민족혁명당 본부가 있는 武漢 大公中學校에 수용되었다. 한시준, "독립운동 정당과 해공 신익희," p.29;『思想彙報』22, p.161.

56)『사상휘보』22, p.162.

57) 민족전선은 1937년 12월 김원봉의 조선민족혁명당과 김성숙의 조선민족해방동맹, 유자명의 조선혁명자연맹이 연합하여 결성한 좌익진영의 연합체이다. 한시준, "독립운동 정당과 해공 신익희," p.30.

58) 조선의용대는 隊本部와 2개 區隊로 편제되었는데, 제1구대는 민족혁명당 당원들로, 제2구대는 전위동맹원들을 중심으로 구성되었다. 김영범, "조선의용대 연구,"『한국독립운동사연구』2, 독립기념관 한국독립운동연구소, 1988, pp.482-483.

은 취약해질 수밖에 없었다. 1938년 말 최창익, 허정숙 등과 18명은 연안(延安)으로 떠났고 맹원들도 분산되었다. 1938년 후반기 무한(武漢)에서 전위동맹이 이러한 파란을 겪는 동안 신익희의 행적은 묘연하다. 그는 김원봉의 민족전선으로 들어가지도 않았고, 그렇다고 해서 최창익과 같이 연안으로 가지도 않았다.[59]

그가 다시 나타나는 것은 1939년 8월 27일 기강(綦江)에서 개최된 7당통일회의였다. 1939년에 들어와 중국 관내 독립운동전선에서는 또다시 전선통일운동이 일어났다. 이번의 통일운동은 민족진영의 조선광복운동단체연합회(朝鮮光復運動團體聯合會) 소속단체를 중심으로 추진되었다. 1939년 5월 김구와 김원봉이 통일원칙과 방법에 합의한 '동지·동포에게 보내는 공개통신'을 공동명의로 발표하고, 10개조 '공동강령'을 발표했다.[60] 이러한 합의 위에서 8월 27일 기강에서 좌우진영 7개 단체[61]가 참여한 7당통일회의가 개최되었다. 신익희는 바로 이 7당통일회의에 전위동맹 대표로 참여하여 조소앙, 조완구 등과 더불어 주석단에 속해 있었다.

그런데 7당통일회의에서는 통일운동의 조직노선에서 기존 단체를 해체하는 우익측의 단일당 방식과, 기존 단체를 그대로 두는 좌익측의 연맹방식이 대립되었다. 전위동맹과 해방동맹은 연

---

59) 한시준 교수에·의하면, 1939년 중경에서 개최된 3·1운동기념대회에 그의 이름이 보이고 있지만, 그는 1939년경에 낙양에 있었을 가능성이 더 크다고 한다. 한시준, "독립운동 정당과 해공 신익희," pp.31-32.
60) 독립운동사편찬위원회, 『독립운동사』 4, pp.689-690.
61) 7개 단체는 우익 광복전선측의 한국국민당·한국독립당·조선혁명당, 좌익 민족전선측의 조선민족혁명당·조선민족해방동맹·조선청년전위동맹·조선혁명자연맹 등이다.

맹방식이 관철되지 않자 7당회의에서 탈퇴했다.[62] 이들의 탈퇴로 7당통일회의는 5당회의로 변화하여 회의가 계속되었지만, 임시정부 해소문제로 좌익진영이 탈퇴하여 다시 결렬되고 말았다.

그후 전위동맹은 1940년 10월 해방동맹과 조선민족혁명당을 탈당한 한빈, 이정호 등과 조선민족해방투쟁동맹(朝鮮民族解放鬪爭同盟)을 새로이 결성했다. 신익희가 여기에 참여했는지는 확인할 수 없으나 그의 딸 신정완(申貞婉)과 사위 김재호(金在浩)는 김성숙, 박건웅 등과 함께 주요 구성원이었다. 1941년 3~5월 전위동맹원들이 다시 화북으로 진출하면서 투쟁동맹은 분열되었다. 신익희는 이들의 화북행 이전에 이미 임시정부가 있는 중경(重慶)으로 갔으며, 투쟁동맹 소속이었던 딸과 사위도 이때 화북으로 가지 않고 중경으로 왔다. 전위동맹원들의 화북 진출로 신익희는 세력기반을 완전히 상실했다. 그는 중경에서 홀로 전위동맹의 간판을 붙잡고 있었다.[63]

4) 중경임시정부의 내무부장

1941년부터 임시정부를 떠났던 주요 인사들이 하나둘 중경으로 모이기 시작했다. 그해 초 성도(成都)에서 대학 교편을 잡고 있던 김규식이 중경으로 옮겨왔다. 민족혁명당에 적을 둔 김규식이 중경으로 왔다는 것은 민족혁명당과 한국독립당 사이에 교량

---

62) 한시준, "독립운동 정당과 해공 신익희," pp.32-33; 鐸木昌之, "잊혀진 공산주의자들: 화북조선독립동맹을 중심으로," 『항전별곡』, 거름, 1986, pp.68-69.

63) 정정화, 『녹두꽃』, 미완, 1987, p.157.

이 생겼다는 것을 의미한다. 김규식은 한국독립당의 조소앙과 더불어 그해 6월 창립된 한중문화협회(韓中文化協會)의 부회장에 취임했다.64) 그해 가을 좌우파의 가교적 역할을 할 수 있는 장건상이 국내에서 중경으로 들어왔다. 그리고 12월, 중경에서 유일한 사회주의단체이며 조선민족전선계 단체인 조선민족해방동맹의 김성숙이 1941년 12월 '옹위 한국임시정부선언'(擁衛 韓國臨時政府宣言)으로 임시정부 지지를 선언했다. 해방동맹의 김재호, 신정완 부부는 물론 김성숙, 박건웅 등도 신익희와 가까운 사이였다.

혼자 전위동맹 간판을 붙잡고 있던 신익희도 이러한 시세의 변화에 대응하여 한국독립당과 임시정부에 참여하고자 했다. 그러나 한국독립당 원로들은 그의 과거 경력을 문제삼아 입당과 임시정부 참여를 강력하게 반대했다. 결국 김의한이 추천·보증하고 조경한이 다시 진언하고, 또 신익희 본인이 '충실히 복무할 것'을 서약한 다음 한국독립당 입당이 허락되었다. 이후 1943·1945년 전당대회에서도 신익희는 한국독립당 중앙집행위원이니 요직에는 임명되지 못했다.

신익희는 외곽단체인 외교연구위원회를 통해 임시정부에 진입했다. 1942년 8월 4일 조소앙이 발의하여 위원장으로 있는 외교연구위원회 위원이 되었다. 거기서 부위원장을 역임하면서 1943년 3월 4일에는 외무차장에, 4월 10일에는 선전위원회에 선임되어 임시정부 안에서 비로소 활동하기 시작했다. 그러나 신익희는 한국독립당 주류가 아니었기 때문에 임시정부에서 주도적 위치에 있지는 못했다. 신익희의 위치가 다소 격상되는 것은 1944년

---

64) 앞의 책, p.159. 회장은 중국을 대표하여 孫文의 아들 孫科가 담당했다.

4월 제36회 의정원에서 통과된 헌법개정에 의해서 단행한 개각으로 5월 8일 내무부장을 맡고 난 뒤였다.65) 그러나 이 자리도 중경의 망명 동포사회에서는 내각의 요직이 아니었다. 당시 중경에는 600명 정도의 동포가 살고 있었는데, 내무부는 동포사회와 임시정부의 안전을 보호하는 일이 주요 업무였다.

3. 해방 이후의 신익희

1) 이승만과 김구 사이

1945년 12월 2일, 신익희는 임시정부 환국 2진으로 27년 만에 귀국했다. 임시정부의 내무부장은 중경 망명 동포사회에서는 한직이었지만 귀국 직후의 사정은 전혀 달랐다. 임시정부 내무부의 위력이 미치는 곳은 몇백의 망명민이 아니라 2천만 국민이었다. 신익희가 해방 직전 이러한 요직을 맡았던 것은 행운이었지만, 격동의 정국에서 직위를 잘 활용한 것은 그의 능력과 현실감이었다. 그는 귀국하자마자 임시정부의 하부조직으로 정치공작대를 조직하기 시작했고 임시정부 주도의 반탁운동을 적극 주도했다.

12월 27일 모스크바삼상회담에서 한국문제에 관한 4개항의 '결정서'가 채택되면서 이른바 탁치(託治)정국이 시작되었다. 삼상회담의 결정서를 왜곡 보도하여 탁치정국에 불을 지핀 것은

---

65) 조동걸, "대한민국 임시정부의 조직," p.343.

한민당과 <동아일보>였지만, 반탁운동을 주도한 것은 단연 임시정부였다. 임시정부는 이미 해방 이전부터 '국제공관'(國際共管)을 반대한 경험이 있다. 삼상회담 결정서가 대한민국 임시정부를 전면적으로 부인했기 때문에, 임시정부는 국제공관 반대운동의 연장선상에서 반탁운동을 주도했다. 임시정부는 '신탁통치반대국민총동원위원회' 결성을 주도했고, 위원회는 '9대 행동강령'을 발표하고 총파업과 시가행진 등 반탁운동을 전개했다.66) 임시정부 주도의 초기 반탁운동은 즉각적인 독립을 바라던 대중들로부터 많은 지지를 받았다.67)

이러한 분위기를 활용하여 임시정부는 반탁운동의 시초부터 권력접수를 시도하여, 반탁위원회는 '행동강령'에서 '임시정부의 절대수호'와 '외국군정의 철폐'를 주창했다. 이때 신익희는 '국자'(國字) 제1호로 "현재 전국 군정청 소속 경찰과 한인 직원은 전부 본 임시정부의 지휘하에 예속된다"고 선포했고, '국자'(國字) 제2호로 "임시정부가 주권을 관장한다"고 선언했다.68) 당시 서울시내 경찰서장 10명 중 8명이 '국자'(國字) 1호에 호응하는 등69) 반탁정국에서 임시정부의 위용은 대단한 것이었다.

---

66) <동아일보>, 1945년 12월 30일 및 31일, 1946년 1월 1일.

67) WNRC, RG 332, box 41, "Hodge's Conversation with Wedemeyer," p.2 (신복룡 편,『한국분단사 자료집』 3-3, 원주문화사, 1991). 당시 반탁운동에는 일반국민은 물론 군정청의 조선인 직원 3,000여명도 파업과 사직에 동참했다(<동아일보>, 1945년 12월 30일; <조선일보>, 1946년 1월 2일).

68) <동아일보>, 1946년 1월 2일; 도진순,『한국민족주의와 남북관계: 이승만·김구시대의 정치사』, p.63.

69) 임대식, "친일·친미경찰의 형성과 분단활동,"『분단 50년과 통일시

주한미군·미군정이 우익의 반탁운동을 은근히 지원한 것은 명백하지만, 임정의 정권접수 움직임에는 단호하게 대처했다. 12월 29일 아놀드(G. A. V. Arnold) 군정장관은 임시정부의 선전부장 엄항섭(嚴恒燮)을 불러 자제를 부탁했고,70) 하지(J. R. Hodge)는 그가 가장 신뢰하는 자문위원 송진우를 불러 임시정부에 대한 설득을 당부했다.71) 그러나 하지의 특사 격인 송진우는 이튿날 새벽 암살되었고,72) 임시정부는 반탁운동과 권력접수 시도를 계속했다.

하지는 송진우 암살의 배후로 김구를 지목하고, 1946년 정초(1월 1일) 김구에게 임시정부식 반탁운동을 '미군정에 대한 쿠데타'로 규정하며 강력하게 경고했다. 결국 김구는 그날 밤 결코 미군정을 반대하는 것이 아니라고 천명하고 시위와 파업을 중지할 것을 호소했다.73) 신익희도 1월 3일 임시정부의 권력접수와 관련하여 청진동 미군 CIC에서 이틀 동안 문초를 받았다.74)

임시정부의 권력접수는 실패하고 이후 권력 핵심부로부터 배척받기 시작했지만, 아직 일반대중과 지방에서의 위력은 여전했

대의 과제』, 역사비평사, 1995, p.35.
70) <자유신문>, 1945년 12월 30일.
71) "Hodge's Conversation with Wedemeyer," p.5.
72) 송진우 암살사건에 대해서는 김준연, 『독립로선』, 홍한재단, 1947(번각본: 돌베개, 1984, pp.32-34, 103-106; 한현우, "나의 반탁투쟁기" ①~⑤, 『세대』, 1975년 10월~1976년 2월호 참고.
73) 쿠데타사건과 하지·김구의 면담에 대해서는 HUSAFIK, Part 2, Ch.2, pp.53-60; HUSAFIK, Part 3, Ch.4, pp.48-49; 도진순, 『한국민족주의와 남북관계: 이승만·김구시대의 정치사』, p.64 참고.
74) 조병옥, 『나의 회고록』, 민교사, 1959, pp.166-167; 유치송, 『해공 신익희 일대기』, p.457.

다. 임정요인 중에 기독교신자가 많다고 '너도나도 예배당을 찾는가' 하면, 임정요인의 지령을 빙자하여 금품을 강요하는 행위에 대해 김구가 경고성명을 발표할 정도였다.75) 이러한 분위기와 반탁정서를 이용하여 임시정부는 당분간 정국을 주도할 수 있었다.

한편 신익희는 임정 내무부장의 직위를 활용하여 정치위원회·정치공작대·행정연구위원회를 창설하고 실질적인 영향력을 확보해 나갔다. 정치위원회는 의결기관으로서 '중앙-도-군·부'의 체계로 설치되었으며, 정치공작대는 집행기관으로서 '중앙본부-도본부-군·부본부-면연락부-리·동락반' 등의 체계로 지역 말단조직까지 거느리고 있었다. 정치공작대원은 또한 북한 지역을 포함하여 전국 각지에 요원들을 파견하여 정보와 적성금(赤誠金)을 수집하고 조직공작을 진행했다.76)

행정연구위원회는 참모조직으로 총무·국토계획·행정조직·법제·광공·농림·수산·재정·보안·학무·사회교육·후생·교통·체신·직산·군사·외교·국민조직·검찰·무역 등 20개의 부서에 고문(高文) 출신의 막강한 전문위원들을 배치했다.77)

---

75) 『혁명』, 1946년 1월; <중앙신문>, 1946년 1월 8일.
76) "조직공작상황에 관한 사항," "강원도 정치공작대원 명부," "정치공작 겸 정치위원," "적성금 문서철," "충남지역 특별 조사보고서"(CIC, "Shin Ikhi", File No.8~18, 현대사연구소, 『미군 CIC 정보보고서』 1, 중앙일보사, 1996); G-2, "Summary of Recent Information Concerning the National Society for Rapid Realization of Independence", 1946. 9. 18, "G-2 Weekly Summmary," No.56, incl #3(『한국분단사자료집』 6, pp.209-214); 유치송, 『해공 신익희 일대기』, pp.441-446; 박진희, "해방직후 정치공작대의 조직과 활동" 참고.

당시 '민족진영의 유일한 점조직'이었다는 정치위원회·정치공작대·행정연구위원회 등은 신익희의 정치적 자산이 되었지만, 이로 인해서 그는 '친일파를 두호했다'는 비난도 받게 되었다. 그런데 1956년 민주당에서 고문파·관료파로도 불렸던 이들은 대부분 장면의 신파에 속해 신익희와 정치적인 입장을 달리하게 된다.[78]

1946년 전반 신익희 휘하의 정치공작대는 남한에서 반탁운동을 주도하는 한편 대북 타격정책을 수행했다. 이들의 대북정책은 북한지역의 지도자 및 정당과 북조선임시인민위원회에 대한 정보를 수집하는 것, 북한 내 임시정부를 지지하는 우익조직을 구성하는 것, 주요한 공공기관의 건물을 방화·소각하고 민심을 혼란시키는 것 등이었다.[79] 특히 북한임시인민위원회 성립 직후 이

---

77) '행정연구위원회 簡則," 현대사연구소, 『미군 CIC 정보보고서』 1; 좌익이론가 인정식을 포함한 위원의 명단은 "행정연구위원 명단" 참고. 행정연구반에 참여한 인사들의 회고로는 최하영, "정무총감, 한인과장 호출하다," 『월간중앙』, 1968년 8월; 윤길중, 『청암 윤길중 회고록, 이 시대를 앓고 있는 사람들을 위하여』, 호암출판사, 1991, pp.72-73 참고.

78) 최석채, "신익희론," 『정경연구』 1965년 9월: 이상돈, "정통야당으로 본 정치지도자상: 인촌·고하·해공·유석을 중심으로" 하, 『신동아』, 1981년 12월, p.211.

79) ① "조직공작상황에 관한 사항"; ② "소연방 무력정비사령부 제7국 부국장 사포쥐니고프(B. Sapozhnikov)가 소연방 중앙위원회 수슬로프(M. A. Suslov) 동지에게 보내는 전문"(1946. 8. 22); ③ "1946년 김일성 암살기도 사건진상," 『세계와 나』, 1994년 8월. ②와 ③은 같은 자료인데, 이 자료는 소련 무력정치부 제7국이 평양에 들어가 김일성 암살을 시도하다 체포된 임시정부 내무부 정보국 부국장이었던 金正義를 심문한 기록이다.

들의 대북공작은 북한요인 암살에 집중되었다. 정치공작대를 중심으로 하는 대북요원들은 1946년 3월 1일 김일성 암살시도를 비롯하여, 그 뒤 최용건(崔庸健), 김책(金策), 강양욱(康良煜) 등에 대한 타격을 계속했다.80)

그러나 정치공작대를 중심으로 하는 이러한 대북 타격정책도 1946년 초반기를 경과하면서 점차 소멸되어 갔다. 그것은 임시정부가 전국적 구도에서 북한의 인민위원회와 맞서기는커녕 남한에서조차 미군정과 이승만·한국민주당에 의해 위협받게 되었기 때문이다. 이러한 정세변화와 아울러 신익희의 무게중심은 점차 김구·임시정부에서 이승만·독립촉성국민회로 옮겨지게 되었다. 그는 이미 1946년 중반의 정치적 대논쟁, 즉 단정노선과 좌우합작노선의 대립과정에서 이미 이승만의 단정노선에 경사되어 있었다.81) 당시 한국독립당은 좌우합작에 대한 지지와 반대로 입장이 분분했는데 신익희는 반대파에 속해 있었다.82) 더욱이 CIC의 "신익희 파일"에는 이승만의 정읍발언과 흡사한 단정노선을 자세하게 보여주는 문서83)가 첨부되어 있다.

---

80) 한국통일촉진회, 『북한반공투쟁사』, 반공계몽사, 1970, pp.167-173; 이기봉, 『인간 김일성』, 길한문화사, 1989, pp.375-402; 김인호, 『사선을 넘어서』, 진흥문화사, 1984, pp.21-27.

81) 이상돈에 의하면 1945년 12월 말 省齋 李始榮을 만났더니, 그때 이미 "해공이 신구(新舊)를 겸한 학식이 깊고 정치적 수단과 기량이 임정요인들 중에서 拔群하여 머지 않아 한독당을 떠나 독자세력을 구축할 것으로 보았다"고 예언했다고 한다. 이상돈, "정통야당으로 본 정치지도자상: 인촌·고하·해공·유석을 중심으로" 하, p.206.

82) <한성일보>, 1946년 6월 26일; <서울신문>, <독립신보>, 1946년 7월 4일; <독립신보>, 1946년 7월 10일; <조선인민보>, 1946년 7월 16일 참고.

신익회의 이러한 입장은 그해 6월의 독립촉성국민회 대회와, 8월의 '신익회 쿠데타사건'에서 단적으로 드러난다. 우익의 연합조직인 독립촉성국민회는 김구·임정계와 이승만·한민당계의 합작품으로 탄생하지만, 창립 당시의 주도권에서는 김구·임정계가 앞서고 있었다. 그런데 6월 대회에서 이승만은 김구·임정계를 제압하는 '작은 쿠데타'(minor coupd'état)에 성공했다.84) 이것은 반탁정국시 이승만의 지방조직화 작업의 성과와 아울러 임정계의 또 다른 실권자인 신익희의 도움에 의한 것이었다. 정치위원회·정치공작대·행정연구위원회는 6월 대회에서 독촉에 합류했고, 그 보상으로 신익희는 독촉 부의장에 임명되었다. 정치위원회·정치공작대·행정연구회는 얼마 되지 않아 독촉의 중앙 참모진과 기간조직을 장악했고, 부의장 신익희는 독촉의 핵심 지도자로 부상했다. "백범의 시대가 가고 해공(신익희)의 시대가 열린다"는 유언(流言)은 이러한 정황을 반영한 것이었다.85)

그런데 신익회는 1946년 8월 29일 국치일(國恥日)을 맞이하여 쿠데타를 시도했다. CIC는 쿠데타 이틀 전인 8월 27일 신익희의 사택인 낙산장(駱山莊)과 독촉 본부를 수색하여 관련서류들을 압

---

83) "三十八度가 解決되면 北便 勢力이 潛行 南下할 것은 事實인데 如此한 時는 도저히 不可能한 獨立," 중앙일보 현대사연구소, 『미군 CIC 정보보고서』 1.

84) G-2, "Summary of Recent Information Concerning the National Society for Rapid Realization of Independence"; HUSAFIK, Part 2, Ch.2, pp.63-70; <동아일보>, <서울신문>, 1946년 6월 11일 및 12일.

85) G-2, "Summary of Recent Information Concerning the National Society for Rapid Realization of Independence"; 유치송, 『해공 신익희 일대기』, p.460.

수하고 신익희를 연행·신문했다.86) 이에 의하면 신익희 쿠데타의 성격은 '임정봉대'로 포장한 '남한단독정부 수립'이었으며, 김구보다는 오히려 이승만과 관련이 있었다. 즉 신익희 쿠데타는 이승만을 실질적인 배후로 하여 김규식의 좌우합작에 맞서 우익 주도의 정부수립에 대한 대중동원력과 점령당국의 태도를 점검해 보는 것이었다. 즉 그것은 일종의 시험기구(trial balloon)와 같은 것이었다.87)

이처럼 1946년 중반 신익희는 여전히 임시정부의 내무부장이요 한국독립당 당원이지만, 이제 '김구의 사람'이 아니라 '이승만과 가까운 독자파'(lone wolf)였다.88) 그의 이러한 정치적 행로는 남조선과도입법의원에 대한 그의 태도에서도 확인할 수 있다. 1946년 말 입법의원에 대한 한국독립당의 의견은 두 갈래로 갈라졌다. 조완구, 조소앙, 엄항섭 등 임정계의 주류 해외파는 불참을 주장했지만, 해외파 중에서 신익희는 안재홍을 비롯한 국민당계와 더불어 "시급한 민생문제 해결을 위해 투쟁한다"는 명분으

---

86) 당시 압수된 자료와 신문조서는 현재 워싱턴의 NARA에 Shin IK-Hi File로 정리되어 있으며, 국내에서는 중앙일보사 현대사연구소가 소장하고 있다. CIC Report, "Shin Ik Hi," File No.8-18, G-2 file 1-7b Shin Ik Hi(1946. 8. 23, 8. 27, 8. 28); "the Shin Ik Hi Plot," *HUSAFIK*, Part 2, Ch.2, pp.128-32; G-2, "Summary of Recent Information Concerning the National Society for Rapid Realization of Independence"; "G-2 Weekly Summary," No. 50(1946. 8. 29), No.51(1946. 9. 5) 참고.

87) "Summary of Recent Information Concerning the National Society for Rapid Realization of Independence"; *HUSAFIK*, Part 2, ch. 2, p.138; 도진순, 『한국민족주의와 남북관계: 이승만·김구시대의 정치사』, pp.104-111.

88) "Summary of Recent Information Concerning the National Society for Rapid Realization of Independence."

로 거듭 참여를 주장했다.[89]

2) 정부수립과 국회의장

1946년 말 남조선과도입법의원 선거에서 다수파를 장악하는 데 성공한 이승만은 단정노선을 실현시키기 위해 방미외교를 결정했다. 우익계 정당·사회단체들은 1946년 11월 25~26일 양일간 회합하여 이승만에게 '민주의원 의장 및 대한민국 대표'의 자격을 부여키로 결의하고 77명으로 구성된 '한국민족대표 외교후원회'를 조직했다. 이승만의 '역사적 방미'를 앞둔 우익진영의 통일된 성원은 이처럼 대대적인 것이었지만, 이승만·한국민주당은 선거에 의한 남한단정수립을, 김구·임시정부는 임정법통론에 의한 정부수립을 목표로 하고 있어 갈등이 내재되어 있었다. 이러한 갈등은 실질적으로 중요한 기금모집에서도 나타났다. 한민당의 김성수는 12월 2일 100만원의 거금을 헌금한 반면, 김구는 전혀 협조하지 않았고, 같은 한독당의 신익희는 '한국민족대표 외교후원회'의 부의장을 맡았고 기금모집에 적극적이었다.[90]

---

89) <조선일보>, 1946년 12월 19일; <경향신문>, 1946년 12월 20일. 그는 또한 1947년 초 입법의원에서 '신탁통치반대 결의안'을 44대 1로 통과시키는 데 결정적인 역할을 했다(이상돈, "정통야당으로 본 정치지도자상: 인촌·고하·해공·유석을 중심으로" 하).

90) 한국민족대표 외교후원회는 이승만의 방미를 '물심 양면'으로 후원하기 위해 만들어졌는데, 가장 중요한 목적은 1~3억원의 후원금을 모으는 것이었다. 미군정 자료는 한국민족대표 외교후원회가 이승만의 방미를 위해 1억원의 자금을 5,000만원은 서울에서, 나머지 5,000만원은 지방에

이승만의 방미 이후 1947년 중반 단정노선은 표면 위로 부상했다. 아울러 우익진영의 통합이 추진되기 시작했으나, 7월 김구의 국민회의와 이승만의 민족대표자대회의 통합시도는 무산되었다. 이때 신익희는 드디어 한국독립당을 탈당하여 20명의 입법의원과 함께 이승만의 민족대표자대회에 합류했다.[91] 그는 9월 한국민족대표자대회에서 총선거대책위원회를 조직할 때 위원장을 맡아 단정단선운동에 앞장섰다. 그후 김규식 등 과도입법의원 의장단과 단정반대 의원들이 입법의원 의원직을 탈퇴할 때, 신익희는 그들을 맹렬하게 비난하고 김규식 후임으로 입법의원 의장을 맡았다.[92] 단정단선운동과 아울러 신익희는 임정계의 통일운동인 남북연석회의를 저지하고자 노력했다. 이승만이 주도한 이화장의 '정당·단체대표자회의'에 참석한 한독당 대표 신창균에게 '침묵할 것'을 당부했고,[93] 조소앙을 찾아가 평양행을 만류했다.[94]

서 모으기로 결정했다고 한다(WNRC, RG 332, "Korean Supporters Society for National Diplomatic Missions";『한국분단사 자료집』 6, p.382). 외교후원자금의 조달목표 총액은 3억원이었으며 실적은 2억원을 넘었다(이경남,『분단시대의 청년운동』(상), 삼성문화개발, 1989, p.183). 김성수의 헌금에 대해서는 김재명, "대한경제보국회 등을 통해 1년간 3천만원 모금," WIN, 1995년 9월, 중앙일보사; 이승만 기금모집에 대한 한독당 주요 인사의 입장은 "G-2 Periodic Report," No.399(1946. 12. 6) 참고.

91) <동아일보>, 1947년 7월 20일.
92) 서중석,『한국현대민족운동 연구』 2, p.74.
93) 신창균의 증언(1991년 11월 9일, 종로5가 귀빈다방).
94) 이수언, "권력에의 계단: 역대 야당 지도자 군상,"『정경문화』, 1985년 6월, p.244. 이승만의 방미를 후원하기 위한 조직인 '한국민족대표외교후원회'에서 조소앙은 회장을, 신익희는 부회장을 맡았다. 남북연석회의 당시 조소앙의 입장은 지극히 소극적이어서 '간다' '아니 간

신익희는 1948년 5·10선거 준비에 적극적으로 임했고[95] 자신은 고향 광주에서 출마하여 무투표로 당선되었다. 그리고 이승만의 뒤를 이어 국회의장에 선출되었다. 해방정국의 수많은 정치적 지도자 중에서 신익희의 부상은 놀라운 것이었다. 신익희의 이러한 부상은 자신의 능력과 정치적 비중에 따른 것도 적지 않지만, 가장 주된 원인은 '노선 선택'의 결과라고 볼 수 있을 것이다. 당시 54세의 신익희보다 선배인 정치지도자들로는 김구(72세), 김창숙(69세), 김규식(67세), 여운형(62세), 조소앙(61세), 홍명희(60세), 송진우(58세), 안재홍(57세) 등 쟁쟁한 사람들이 있었다. 이들은 암살되거나 단정노선을 거부하면서 현실정치의 장에서 멀어졌으며, 그럴수록 신익희의 위치는 독보적이 되었다.

국회의장 신익희의 활동은 매우 현실정치적인 입장에서 출발했다. 그는 소장파·무소속의원들과 합작, 신당 건설, 이승만·김구·김규식 등 3영수합작 등 분단 정치지형의 폭을 넓히려는 이러저러한 논의에 부분적으로 참여하지만, 적극적으로 이를 주도하는 위치는 아니었다.[96] 현실정치에서 그의 선택은 소장파·무소속의원이나 김구·김규식계의 민족주의자가 아니라 한국민주당이었다. 3·1구락부를 이끌던 '반한민당의 지도자' 신익희는 한국민주당과 합당하여 민주국민당을 만들고 최고위원에 추대되었

　　다' 등 추측이 분분했다. 도진순, 『한국민족주의와 남북관계』, pp.144, 244.

95) "정치고문대리 랭돈(Langdon)이 국무장관에게," 1948. 1. 15, FRUS 1948, Vol.6, pp.1084-1085.

96) 서중석, 『한국현대민족운동연구』 2, pp.74, 164. 이와 달리 신익희가 김구·김규식에 대한 포용을 적극 건의했으나 이승만이 묵살했다는 주장도 있다(이수언, "권력에의 계단: 역대 야당 지도자 군상," p.245).

다.97)

 제헌국회의 정치적인 지형에서 주된 축은 김구·김규식의 통일촉진회와 연결된 무소속·소장파의원들과 이승만행정부 사이의 대립이었다. 여기서 민국당·한민당은 대체로 행정부와 보조를 같이했다. 예컨대 1949년 국회의 쟁점이었던 국회프락치사건·반민법·농지개혁법 등에서 한민당·민국당은 행정부를 후원하는 처지였다. 이들은 반민법에 소극적이었고 농지개혁에서는 지주들의 입장을 대표했으며 국회프락치사건 때에는 소장파를 몰아쳤다.98)

 신익희의 입장도 미묘하지만 행정부측으로 경사되어 있었다. 국회프락치사건의 경우 제3회 임시국회는 5월 16일에 소집되기로 되어 있었고, 그럴 경우 면책특권에 의해 국회회기 동안 세 의원을 구속할 수 없는 상황이었다. 그럼에도 불구하고 신익희 국회의장은 직권남용으로 5일이나 지체된 이후 국회를 개원했고 그 사이에 세 의원은 구속되었다.99) 신익희는 반민특위법 제정에는 찬성했지만 범위를 확대 적용하는 데는 신중론을 폈으며, 반민특위가 강제 해산되는 데도 강력하게 저지하지 않았다.100) 또한 이승만 대통령이 정부 내 친일파 조사위원으로 유진오를 임명하고, 며칠 후 다시 유진오를 법체처장으로 임명하자, 신익희는 이를 곧장 승인해 주어서 국회 내에서 물의를 일으키기도 했다.101)

---

97) 서중석,『한국현대민족운동 연구』2, p.95.

98) 앞의 책, p.90.

99) 이에 대한 논란은『제헌국회 속기록』5권: 제3회 제1호(1949. 5. 22), pp.10-14 참고.

100) 이수언, "권력에의 계단: 역대 야당 지도자 군상," p.245.

3) 야당지도자와 대통령후보

1950년 한국정치에서는 김구·김규식을 지지하던 소장파의원들이 국회에서 일단 정리되었으며, 5월 30일 제2대 국회의원선거가 예정되어 있었다. 선거를 앞두고 이승만·행정부와 신익희·민국당 사이에는 미묘한 갈등이 일어났다. 이승만은 선거를 11월 정도로 연기하려는 입장이었고, 신익희나 민국당은 예정대로 시행할 것을 주장하고 있었다. 그러나 신익희나 민국당은 이승만에 정면으로 도전할 정도로 독립적인 것은 아니었다.[102] 미국의 개입과 권유로 선거는 예정대로 시행되었지만[103] 이승만 못지 않게 민국당도 패배자였다. 한때 75명으로 원내 제1야당이었던 민국당은 선거에서 참패하여 24명으로 줄어들고 말았다.[104] 5·30선거에서 승리자는 남북협상을 주장하던 중간파의원들이나 무소속의원들이었다. 그러나 의장단 선거에서 중간파의원들의 표가 분산되어 신익희는 제2대 국회의장에 다시 선출되었다.[105]

그런데 한국전쟁의 발발로 중간파의원들은 현실정치에서는 다

---

101) 『제헌국회 속기록』 제1회 제49호(1948. 8. 26).
102) "무임소대사 제섭(Pillip C. Jessup) 비망록," 1950. 1. 14, FRUS 1950, Vol.7, p.3.
103) 앞의 글, pp.2-4 ; "주한미대사 무초(Muccio)가 국무장관에게," 1950. 4. 1, FRUS 1950, Vol.7, pp.39-40.
104) 김진배, "선거로 본 해방 40년 ③: 그래도 장미는 피어나고," 『월간조선』, 1986년 9월, p.397.
105) 서중석, 『한국현대민족운동 연구』 2, pp.320-321.

시 거세되었고, 이승만 대통령의 1차 임기가 끝나는 시기(1952년)를 전후하여 우익진영 내의 정치적 분열은 심화되었다. 전쟁 직후부터 국회는 국방장관 신성모, 내무장관 조병옥에 대한 불신임안을 압도적인 표차로 통과시켰고, 이승만은 그것을 완강하게 거부했다. 이승만과 국회의 대립은 다시 미국의 개입으로 진화되는데, 이때 국회의장 신익희는 한편으로는 '자신의 야망'을 키우면서도 다른 한편으로는 부의장 장택상과 더불어 행정부와 협조했다.106)

1952년은 국회에서 대통령선거가 있는 해였다. 한국전쟁 당시의 무책임한 후퇴과정, 1951년 들어 국회에서 연달아 터진 거창양민학살사건과 국민방위군사건 등으로 이승만은 국회 내에서 신임을 얻지 못하고 있는 실정이었다. 이승만은 자신의 재선을 위하여 1951년 11월 대통령직선제 개헌안을 제출했으나, 국회에 상정된 것은 해를 넘겨 1952년 1월 17일이었다. 그날 대통령직선제 개헌안은 가 19표 부 138표로 무참하게 부결되었다. 더욱이 이시영 사퇴 이후 실시된 부통령선거에서 이승만이 지원한 이갑성을 물리치고 민국당의 김성수가 당선되었다.107) 이제 헌법의 틀 내에서, 즉 국회에서 이승만이 다시 대통령이 되는 것은 불가능한 상황이었다.

1952년 5월 25일 0시 이승만 대통령은 공비침투를 이유로 임

---

106) "주한미대사 무초(Muccio)가 국무장관에게," 1950. 9. 2, FRUS 1950, Vol.7. pp.694-695; "주한미대사 무초가 국무장관에게," 1950. 9. 8, FRUS 1950, Vol.7, pp.711-712; "주한미대사 무초가 국무장관에게," 1950. 9. 15, FRUS 1950, Vol.7, p.729-730; "한국담당 드럼라이트(Drumright)가 국무장관에게," 1950. 11. 4, FRUS 1950, Vol.7, pp.1042-1043.

107) 김원호, "대통령 직선이냐 간선이냐," 『신동아』, 1983년 6월, p.115.

시수도 부산을 포함한 영남·전라 일원에 계엄령을 선포하여, '40일간의 폭풍교양곡'이 시작되었다.108) 이승만정권은 국회의원 50여명을 헌병대에 연행하여 일부 의원을 국제공산당과 연계되었다는 죄목으로 구속했다. 야당인 민국당의 또다른 지도자인 김성수는 이러한 일련의 사태를 쿠데타로 규정하며 부통령직에서 사임했다.109) 당시 신익희는 이러한 독재와 정치파동에 매우 미온적으로 대처했고, 야권 일각에서 제기된 반독재연합전선도 성사되지 않았다. 결국 쿠데타 시도 등 미국의 위협적 개입110)으로 이승만과 국회측은 합의에 도달하여 '발췌개헌안'이 통과되었다. 이리하여 1952년 8월의 제2대 정부통령선거에서도 대통령 이승만, 부통령 함태영의 구도로 이승만정권은 계속되었다. 당시 신익희는 대통령출마를 고사했다.

부산정치파동 당시 이승만정권을 위기로 몰고 갔던 야당도 휴전을 전후하여 이승만의 북진통일 캠페인에는 적극 동참했다. 국회는 1953년 4월 21일 '북진통일에 일로 매진하자'는 결의안을 만장일치로 채택했고, 23일에는 '북진통일위원회'를 조직하여 정부의 휴전반대운동에 적극 동참했다. 당시 신익희는 영국 엘리자베스여왕 대관식 참석차 가는 길에 미국에 들러, 미국 관리에게 분단된 상태에서 휴전에는 반대한다는 의사를 피력했다.111)

---

108) '폭풍교향곡 40일'이란 정치평론가 김동명의 표현으로, 40일은 5월 25일 비상계엄령 선포에서 7월 4일 발췌개헌안 통과까지의 40일을 말한다(앞의 글, p.115).
109) 김운태, 『한국정치사』 2, 성문각, pp.88-90.
110) 홍석률, "한국전쟁 직후 미국의 이승만 제거계획," 『역사비평』, 1994년 가을.
111) <동아일보>, 1953년 4월 24일 및 5월 26일; 홍석률, "이승만정권의

이처럼 이승만정권은 북진통일론을 주창함으로써 북한이 아닌 남한의 정치세력을 공략하여 야당 정치세력을 아우르고 정치적 헤게모니를 한층 강화했다. 그 결과 휴전 이후 첫 선거인 1954년 5월 국회의원선거에서 자유당은 개헌선에 단지 세 석만 모자라는 압승을 거두었다. 또한 이갑성·배은희 등이 패배하여 이기붕을 중심으로 하는 당내 단합력은 더욱 강화되었다. 반면 민국당은 15석으로 원내교섭단체에도 미치지 못할 정도로 세력이 위축되었다. 민국당이 강력한 여당에 맞서기 위해서는 67석의 무소속을 동원하여야 했다.112)

신익희는 고향 광주에서 3선에 성공했지만, 6월에 개원된 제3대 국회에서 의장 자리는 이기붕에게 돌아갔다. 10월 민국당 선전부장 함상훈은 신익희·조소앙의 '뉴델리회담설'을 주장하여 파문을 일으켰으며, 다음달에는 이른바 '사사오입' 개헌이 통과되어 이승만 대통령 3선의 길을 열었다. 이에 맞서 야권에서는 호헌동지회(護憲同志會)를 결성했고, 다음해(1955년)에는 호헌동지회의 '자유민주파'를 중심으로 민주당(民主黨)을 창당했다. 신익희는 통합야당 민주당의 최고위원으로 추대되었다.

민주당에는 장면의 자유민주파(自由民主派), 신익희·곽상훈 등의 민주대동파(民主大同派)가 병립하고 있었는데, 1956년 3월 신익희를 대통령후보, 장면을 부통령후보로 추대했다. 민주당은 "못살겠다 갈아보자"는 선거구호로 이승만정권의 독재와 무능을 부각시키며 선전했고, 5월 3일 신익희의 한강 백사장 유세에는 권

북진통일론과 냉전외교정책,"『한국사연구』 85, 1996, p.139.
112) 1954년 선거와 정치지형에 대한 미국의 분석은 "주한 미대사(Briggs)가 국무성(Murphy)에게," 1954. 5. 24, FRUS 1952~54, Vol.15, pp.1795-1796 참고.

력교체를 원하는 수십만 인파113)가 몰렸다. 그러나 이틀 뒤 새벽 5시 10분경, 신익희는 여수행 제33열차 5호 침대차에서 급서했다. 그의 갑작스러운 죽음에 대한 애도와 정권교체에 대한 열망은 서울지역의 경우 이승만의 득표를 상회하는 추모표로 확인되었고,114) '비내리는 호남선'을 유행하게 했다.115)

여기서 하나 검토할 것은 대통령선거에서 조봉암과의 문제이다. 민주당이 결성될 때부터 신익희의 '민주대동파'는 조봉암의 입당을 추진하는 한편, 장면의 '자유민주파'는 이를 극력 반대했다.116) 대통령선거과정에서도 민주당과 진보당의 후보단일화 협상은 진행되어 신익희와 조봉암 사이에는 조건부 단일화에 합의했다. 그러나 신익희가 급서하자, 그 다음날 민주당은 '죽은 자에게 표를 던지라'는 추모표 성명을 발표했다. 조봉암보다는 이

---

113) 당시 한강백사장에 모인 인파의 수에 대해서는 20만이나 30만으로 보도했다(김진배, "못살겠다 갈아보자," 『월간조선』, 1987년 3월, p.468). 한편 신익희의 부인인 김해화는 30만~60만으로 제각각이었지만 못 되어도 50만은 될 것이라 추정했다. 또한 양심적인 보도기관에서 먼저 50만 선으로 내다보았으나 어인 일인지 갑작스레 30만명 선으로 뚝 떨어지기도 했다고 한다(윤재걸, "해공 미망인 김해화 인터뷰: 의장동지의 죽음 밝혀주오," 『정경문화』 1982년 9월, p.152).

114) 서울지역에서는 신익희 추모표가 28만 4천여표로 이승만의 득표 20만 5천여표보다 앞섰다(이수언, "권력에의 계단: 역대 야당 지도자 군상," p.247).

115) 윤재걸, 앞의 글, p.161.

116) 서울특별시 경찰국 사찰과, 『極秘 査察要覽: 左翼・中間・第三勢力・其他』, 1955, p.68. 특히 김준연은 조봉암 반대에 앞장섰다. 김준연에 대해서는 이경남, "독불장군 김준연의 정치곡예," 『정경문화』, 1984년 9월 참고.

승만을 지지하는 것이 낫다는 자유민주파에 의해 신익희와 조봉암의 단일화 합의는 결국 실패했다.117)

 1956년 5월 이승만이 다시 대통령에 당선되었지만, 선거의 사실상 승리자는 민주당이었다. 즉 민주당은 구파·신파의 고질적인 분파투쟁에다 대통령후보가 급서하여 위기에 처했지만, 선거기간중에도 당의 기본적인 통일은 유지되었고, 더욱이 장면의 부통령 당선으로 당의 지위는 더욱 강화되었다.118) 그리고 미국은 한국전쟁 이후부터 끊임없이 이승만을 대체할 인물을 찾고 있었으며, 그 중에서 장면은 1순위였다.119) '대통령 이승만과 부통령 장면'이란 구도는 마치 노쇠한 이승만 유고시 권력의 다음 향방을 암시하는 듯했다. 그리고 그것은 4·19 이후 실현되었다.

---

117) 이해형, "역대 대통령선거로 본 야당 후보단일화," 『신동아』, 1987년 12월, pp.350-355; 정창현, "진보당운동의 전개와 성격," 『한국현대사』 2, 풀빛, 1991, p.185.

118) "편집노트," FRUS 1955~57, Vol.23, p.266; "편집노트," FRUS 1955~57, Vol.23, pp.334-340.

119) "주한미대사 무초가 극동문제차관보(Allison)에게," 1952. 2. 15, FRUS 1952~54, Vol.15, p.51.

4. 맺음말

　신익희는 전통적 소양과 근대적 소양을 균형 있게 접목시키고, 외교·법률·내무에 능통한 문인적 풍모이면서도 군사·무력의 중요성을 아는 지도자, 풍찬노숙(風餐露宿)의 민족운동가와 합리적 선택에 능한 현실정치인의 면모가 적절히 배합된 드문 인물로 꼽힌다. 이러한 성향은 한편으로는 그의 폭넓은 사고와 동선(動線)을 보여주는 것이지만, 다른 한편으로는 '삶의 복합성'을 보여주는 면모들이다. 이러한 복합성은 때로는 환경의 불가피한 반영이거나 발전적 전환의 모습을 보여주지만, 때로는 노선 선택에서 이중성으로 작용하여 비평적 분석을 요구하기도 한다.
　신익희는 전근대사회의 모순이 폭발하는 갑오년(1894)에 태어나 결혼하는 14세까지 전통적인 삶을 살았지만, 그후 서울과 도쿄 유학을 경험하면서 점차 근대에 입문했다. 그는 귀국 후 교육계몽운동에 참여했으나, 3·1운동 이후 중국에 망명하여 대한민국 임시정부에서 핵심적인 소장그룹으로 활동했다. 이처럼 그의 삶에서 전반기의 전환은 주로 발전적 성숙의 모습을 보여준다.
　그러나 그가 본격적으로 민족운동에 투신하는 20대 중반 이후의 모습에 대한 평가는 매우 논쟁적일 수 있다. 즉 그의 삶과 활동을 면밀하게 추적해 보면, 그는 대한민국 임시정부, 우익과 좌익, 김구와 이승만 등 한국현대사의 중요한 개념 및 인물과의 관계에서 특이한 선택을 했다.

먼저 임시정부와의 관계를 보면, 그는 3년 정도 초기 임정에서 핵심적으로 활동했지만, 1930~40년대 20년에 이르는 중요한 시기 동안 임정 밖에서 활동하며 임정과 대립했다. 해방 이후 그는 임정의 내무부장으로 환국했지만, 가장 먼저 임정을 떠나 이승만의 단정노선에 합류했다. 다음 좌익과의 관계를 보면, 그는 임정을 떠나 좌경적 정당·단체·지도자들과 어울렸지만, 해방 이후에는 정치공작대를 통해 반북활동에 관여했다. 또한 1948년 정부 수립 이후 줄곧 반공적 입장에 충실했지만, 1956년 대통령선거를 앞두고는 다시 좌경적인 조봉암과 합작을 모색했다. 임정 밖에서 독립운동 시절 그는 군대와 무력을 매우 중요시했지만, 그것은 다른 한편으로 중국의 지원을 기대하는 매우 외교적인 것이기도 했다.

이상과 같이 그의 주요한 경력을 요약하면, 그에게는 이념이나 원칙에 충실한 사상이론가의 면모나, 거꾸로 이에 지나치게 얽매이는 근본주의적 성향이 거의 없다. 또한 치밀한 조직이나 독자적인 무력으로 현실을 개조해 나가는 조직운동가의 모습 또한 거의 없다. 오히려 그는 시대와 현실의 변화를 목도하면서, 합리적으로 취사선택하는 현실적 민족운동가 또는 정치인의 모습에 가깝다. 그가 일제시기 많은 정당·단체를 옮긴 것도, 해방 이후 임시정부의 내무부장에서 국회의장으로, 다시 야당의 대통령후보로 나아간 것도 이러한 그의 성향과 깊은 관련이 있을 것이다.

신익희는 이승만과 맞선 대통령후보였고, 더욱이 비운의 극적 죽음으로 인해 '민주화의 횃불'로 칭송되기도 한다.[120] 물론 전제적인 이승만과 대비하면, 그는 유연하고 합리적이며 민주적이

---

[120] 유치송, 『해공 신익희 일대기』, p.802.

다. 그러나 분단현대사라는 보다 근원적인 정치지형에서 보면, 신익희는 중요한 선택의 기로에서 대부분 이승만과 보조를 같이 했다. 해방 직후 그는 김구와 조직(한독당·임시정부)을 같이했지만, 오히려 이를 기반으로 이승만의 단정노선을 지지했다. 그렇다고 그가 '이승만의 사람'인 것은 아니었다. 그가 이승만과 같이 조직활동을 한 것으로는 해방 이전 임시정부, 해방 이후 독촉국민회와 민족대표자대회 등 연합조직 이외에는 거의 없었다. 그는 늘 독자적인 기반을 모색했고, 드디어 '이승만의 대안'으로 등장했다.

결국 한국 현대정치사에서 신익희의 부상도, 또는 역으로 그의 한계점도 기실은 좌우·남북의 대립이라는 분단 정치지형과 깊은 관련이 있다. 그는 좌파는 물론, 김구·김규식·조소앙 등 임정파와 중간파가 배제된 공간에서 부상했고, 그로 하여 한계점을 지니고 있었다. 그의 합리적 노선이라는 것도 어느 정도는 통일과 분단, 민족운동과 현실정치가 대립되는 가운데, 분단 현실정치라는 틀 내에서 이루어진 것이었다.

1960년의 4·19, 1987년의 6월항쟁 등의 경험에서 볼 수 있듯이, 한국 현대정치사에서 민주적·민족적 정치지형의 확장은 정치권이 주도한 것이라기보다, 이것의 한계를 극복하려는 범시민적 노력에 의해 끊임없이 촉발되었다. 더욱이 현재는 지난 반세기간의 정치지형을 규정했던 냉전적 분단이 해체되어 가는 시기라 할 수 있다. 이러한 변화에 주체적으로 부응하기 위해 신익희의 유연하고 합리적인 선택을 평가하는 것과 더불어, 이승만정권기의 현실정치인이었던 그의 제한성에도 주목하여야 할 것이다.

참고문헌

1) 국내신문

　<경향신문>, <대동신문>, <독립신문>, <독립신보>, <동아일보>, <서울신문>, <자유신문>, <조선인민보>, ,<중앙신문>, <조선일보>, <한성일보>.

2) 영문 자료

Counter-Intelligence Corps(CIC) Report, "Shin Ikhi," File No.8~18(현대사연구소,『미군 CIC 정보보고서』 1, 중앙일보사, 1996).

United States Armed Forces in Korea(USAFIK), Office of the Chief of the Millitary History, *History of the United States Armed Forces in Korea(HUSAFIK)*, Washington D.C.(영인본:『駐韓美軍史』, 돌베개, 1988).

United States Armed Forces in Korea(USAFIK), G-2, "G-2 Periodic Report"(1945. 9~1949. 6), Suitland, M.d.: Federal Records Center Annex(영인본:『駐韓美軍 情報日誌』, 한림대 아세아문제연구소, 1988~1989).

United States Armed Forces in Korea(USAFIK), G-2, "G-2 Weekly Summary (1945. 9~1948. 11)," Suitland, Md.: Federal Records Center Annex (영인본:『駐韓美軍 週刊情報 要約』, 한림대 아세아문제연구소, 1989)

United States, Department of State, *Foreign Relations of the United*

States(FRUS), Washington D.C.
신복룡 편,『한국분단사자료집』1~6, 원주문화사, 1991.

3) 한글 자료집
국사편찬위원회,『한국독립운동사: 자료 20』, 1991.
국회도서관,『대한민국임시정부 의정원 문서』, 1974.
_____,『한국민족운동사료: 중국편』, 1976.
김정명,『조선독립운동』 2, 東京: 原書房, 1967.
김정주,『한국통치자료』 10, 章文閣, 1970..
대한민국 국회,『제헌국회속기록』 1~10, 여강출판사, 1987.
서울특별시 경찰국 사찰과,『極秘 査察要覽: 左翼・中間・第三勢力・其他』, 1955.

4) 연구논저・회고록・취재기
강만길,『조선민족혁명당과 통일전선』, 화평사, 1991.
강준식, "신익희는 우익쿠데타를 기도했었다,"『월간다리』, 1990년 3월.
국민대학 동창회,『해공 신익희선생 연설집』, 1958.
김영범, "조선의용대 연구,"『한국독립운동사연구』 2, 독립기념관 한국독립운동연구소, 1988.
_____,『의열단의 민족운동에 관한 사회사적 연구』, 서울대 박사학위논문, 1994.
김운태,『한국정치사』 2, 성문각.
김원호, "대통령 직선이냐 간선이냐,"『신동아』, 1983년 6월, p.115.
김인호,『사선을 넘어서』, 진흥문화사, 1984.
김재명, "대한경제보국회 등을 통해 1년간 3천만원 모금,"『WIN』, 1995년 9월, 중앙일보사.
김준연,『독립로선』, 흥한재단, 1947(번각본: 돌베개, 1984).
김진배, "선거로 본 해방 40년③: 그래도 장미는 피어나고,"『월간조

　　　　　선』, 1986년 9월.
_____, "선거를 통해 본 해방 40년⑧: 못살겠다 갈아보자," 『월간조
　　　　　선』, 1987년 3월.
김희곤, "한국유일독립당촉성회에 대한 일고찰," 『한국학보』 33, 일지
　　　　　사, 1983.
도진순, 『한국민족주의와 남북관계: 이승만·김구시대의 정치사』, 서울
　　　　　대출판부, 1997.
독립운동사편찬위원회, 『독립운동사』 4, 1975.
박순천, "내가 걸어온 야당가 四半世紀 ①~⑧," 『월간다리』, 71년 9
　　　　　월~1972년 6월.
박진희, "해방 직후 정치공작대의 조직과 활동," 『역사와 현실』 21,
　　　　　1996.
서중석, 『한국현대민족운동 연구』 2, 역사비평사, 1996.
신 숙, 『나의 일생』, 일신사, 1963.
신창현, 『해공 신익희』, 해공신익희선생기념회, 1992.
5·5의거 동지회, 『해공 신익희선생 약전』, 1967.
유치송, 『해공 신익희 일대기』, 해공선생기념회, 1984.
윤길중, "개헌비사 1-21: 발췌개헌파동," <중앙일보>, 1980년 3월 10
　　　　　일~1980년 4월 3일.
_____, 『청암 윤길중 회고록, 이 시대를 앓고 있는 사람들을 위하여』,
　　　　　호암출판사, 1991.
윤재걸, "해공 미망인 김해화 인터뷰: 의장동지의 죽음 밝혀주오," 『정
　　　　　경문화』, 1982년 9월.
윤형섭, "해방정국의 정당·정치인," 『신동아』, 1985년 10월.
이경남, 『분단시대의 청년운동』 상, 삼성문화개발, 1989.
이광린, "구한말의 관립외국어학교," 『한국개화사연구』, 일조각, 1981
　　　　　(중판).
이기봉, 『인간 김일성』, 길한문화사, 1989.

이상돈, "정통야당으로 본 정치지도자상: 인촌·고하·해공·유석을 중심으로" 상·하, 『신동아』, 1981년 11~12월.
이수언, "권력에의 계단: 역대 야당 지도자 군상," 『정경문화』, 1985년 6월.
이한우, 『이승만 90년』 상, 조선일보사, 1995.
이해형, "역대 대통령선거로 본 야당후보 단일화," 『신동아』, 1987년 12월.
임대식, "친일·친미경찰의 형성과 분단활동," 『분단 50년과 통일시대의 과제』, 역사비평사, 1995.
장세윤, "한국독립군의 항일무장투쟁 연구," 『한국독립운동사연구』 3, 독립기념관 한국독립운동사연구소, 1989.
정정화, 『녹두꽃』, 미완, 1987.
정창현, "진보당운동의 전개와 성격," 『한국현대사』 2, 풀빛, 1991.
조동걸, "임시정부 초기활동과 정부의 면모," 『독립운동사』 4, 독립운동사편찬위원회, 1972.
_____, "한말 계몽운동의 사상구조와 독립운동상의 위치," 『한국민족주의의 성립과 독립운동사 연구』, 지식산업사, 1989.
_____, "임시정부 수립을 위한 1917년의 대동단결선언," 『한국민족주의의 성립과 독립운동사 연구』, 1989.
_____, "대한민국 임시정부의 조직," 『한국민족주의의 발전과 독립운동사연구』, 지식산업사, 1993.
_____, "해공 신익희의 임시정부 활동," 해공신익희선생기념회, 『해공 신익희 사상 강연 논문』, 1996.
조병옥, 『나의 회고록』, 민교사, 1959.
조영규, "개헌비사 22-39: 사사오입개헌," <중앙일보>, 1980년 4월 4일~1980년 4월 23일.
조용중, "정치파동, 장내에서 풀었다," 『월간조선』, 1985년 11월.
지헌모, 『청년장군의 혁명투쟁사』, 삼성출판사, 1949.

최석채, "신익희론,"『정경연구』, 1965년 9월.
최하영, "정무총감, 한인과장 호출하다,"『월간중앙』, 1968년 8월.
鐸木昌之, "잊혀진 공산주의자들: 화북조선독립동맹을 중심으로,"『항전별곡』, 거름, 1986.
한국통일촉진회,『북한반공투쟁사』, 반공계몽사.
한상도, "한국대일전선통일동맹과 민족협동전선운동,"『윤병석교수화갑기념 한국근대사논총』, 지식산업사, 1990.
한시준, "독립운동 정당과 해공 신익희," 해공신익희선생기념회,『해공 신익희 사상 강연 논문』, 1996.
한시준,『한국광복군 연구』, 일조각, 1993.
해공선생기념회,『해공 신익희선생 소전』, 1976.
홍석률, "이승만정권의 북진통일론과 냉전외교정책,"『한국사연구』85, 1996.
_____, "한국전쟁 직후 미국의 이승만 제거계획,"『역사비평』, 1994년 가을.

고하 송진우의 생애와 활동

윤 덕 영

1. 머리말

해방 후 남북한 정부수립은 한편으로 외세의 영향을 크게 받은 분단국가체제의 성립이지만, 다른 한편으로는 크게 보면 일제하 이래 자본주의와 사회주의 방향에서 근대개혁과 국가건설을 추진했던 민족 내부의 국가건설 이념과 운동의 일정한 귀결이었다. 양 진영의 이념과 국가건설론을 통합하려는 일군의 사상적 흐름과 정치세력은 광범하게 존재했지만, 대중적 지지기반의 취약과 조직적 열세, 당시 외세에 의한 남북한 분할점령과 그에 따른 체제간의 대립 속에서 점차 정치적·사회적 영향력을 상실해 갔다. 그들 중 일부는 양 정권의 수립과정에 참여했고, 다른 일부는 역사의 저편으로 사라져 갔다.

이런 흐름 속에서 남한국가 수립에 주도적으로 참여했고, 이후 한국사회에서 주요한 정치·사회적 힘(power)과 영향력을 행사한 세력 중의 하나는 일제침략하 <동아일보> 계열의 민족주의 우파세력에 그 중심 뿌리를 두고 있는 한민당이었다. 한민당은 이후 민국당, 민주당, 신민당 등으로 다양한 이합집산과 변모를 거치지만 한국 보수야당의 근간이었으며, 그 맥은 현재에까지 이르고 있다. 또한 사회적·사상적으로는 그 동안 한국사회의 보수적 여론과 자유민주주의와 시장경제원리를 지탱하는 사회적·이념적 보루의 역할을 담당해 왔다.

이런 역사성을 갖는 <동아일보> 계열 민족주의 우파세력과 한민당의 중심에 바로 고하 송진우가 있었다. 고하는 일제침략하 이래 국내 우파 민족주의자들을 대표하는 중심적 지도자이자 정치가였다. 하지만 고하는 해방 직후 그 정치적 역량을 제대로 펼쳐 보지도 못하고 비운의 총탄을 맞아 죽게 된다.

고하가 한국 근현대사에서 갖는 역사적 중요성과 의미에 따라 고하에 대한 연구도 적으나마 그 동안 일정하게 축적되어 왔다.[1] 이들 연구를 통해 고하의 생애의 대체적인 행적과 활동은 밝혀졌고, 정치사상과 노선에 대한 일정한 분석도 이루어졌다. 하지

---

[1] 전기를 제외한 고하에 대한 직접적 연구는 다음과 같다. 김학준, 『古下 宋鎭禹評傳』(동아일보사, 1990). 심지연, "古下 宋鎭禹," 『한국현대인물론 I』(을유문화사, 1988). 이시형, "보수·우익 지도자들의 건국사상: 이승만·金九·송진우를 중심으로," 경희대 정치학과 박사학위논문, 1995. 심재욱, "고하 송진우의 사상과 활동 연구," 동국대 사학과 석사학위논문, 1996. 박태균, 『현대사를 베고 쓰러진 거인들』(지성사, 1994).

만 기존의 연구들은 고하에 대한 기존의 선입견, 즉 한편에는 지고의 민족·민주주의자로, 다른 한편에서는 지주·자본가그룹의 이해를 대변한 타협적 민족주의자라는 평가에서 크게 자유롭지 못했다. 때문에 고하가 각 역사의 국면에서 왜 그런 선택을 하고 활동을 했는가에 대한 객관적이고 역사적인 분석이 미흡했다. 또한 사료적으로도 고하의 공식적 전기나 여타 인물들의 회고록에 지나치게 의존함으로써 전기나 회고록이 갖는 사실의 과장과 왜곡을 간과하고 있는 한계를 가지고 있다.[2]

본고는 이상의 연구성과를 바탕으로 고하의 생애와 활동, 그리고 그의 사상을 살펴보고자 한다. 특히 그의 운동노선 및 활동과 관련하여 각 역사 시점에서 그런 노선을 제기한 배경과 그의 판단이 무엇이었으며, 그 내용은 어떠했는가를 집중적으로 조명하고자 한다. 때문에 기존의 연구에서 밝혀진 고하의 대체적인 삶에 대해서는 과감히 생략하도록 하겠다.

2. 사상형성의 과정과 3·1운동

1) 초기 수학과정

고하는 1890년 5월 8일 전남 담양군 고지면 손곡리에서 부친

---

[2] 현재 고하에 대한 공식적인 전기는 두 차례에 걸쳐 간행되었다. 고하 송진우선생 전기편찬위원회, 『古下 宋鎭禹先生傳』(동아일보사, 1965); 고하선생 전기편찬위원회, 『獨立을 향한 執念: 古下宋鎭禹傳記』(동아일보사, 1990).

신평 송씨 훈(壎)과 모친 양씨 사이의 8남매 중 다섯째(4남)로 태어났다. 고하의 집안은 그의 출생시에는 담양에서는 알아주는 양반 명문가로서 수백석의 추수를 했다고 한다. 고하의 부친 훈은 유학을 공부한 선비로서 여러 번 과거에 응시하기도 했다.

고하의 인격과 초기 사상형성 과정과 관련해서 처음으로 큰 영향을 준 사람은 주지하다시피 성리학자 기삼연(奇三衍)[3]이었다. 인격과 사고가 처음 형성되기 시작하는 7살 때부터 6년여에 걸친 기삼연으로부터의 수학이 고하에게 큰 영향을 미쳤을 것은 분명하다. "기삼연 선생은 나의 가슴에 굵다란 장작을 넣어 주고 거기다 불을 놓은 셈이야,"[4] "만약 기선생이 의병대장이 되어 나설 만큼 극진한 애국자가 아니었더라면 나도 역시 학문에 만족했을지 몰라"[5] 하는 고하의 회고에서 드러나듯이 기삼연은 감수성이 예민한 어린 시절의 고하에게 민족의식과 구국의식을 불어넣어 주었다. 고하가 그 전 생애에서 보여주는 열혈적이고 적극적인 삶의 태도는 기삼연의 영향이 크게 작용한 것이라 할 수 있다.

그러나 고하의 사상형성과 관련하여 기삼연의 영향은 제한적이었다. 민족주의적 구국의식이 기삼연을 통해 습득된 것은 분명하지만, 기삼연의 성리학적·위정척사적 사상이 고하에게 수용된

---

[3] 奇三衍은 蘆沙 奇正鎭의 친족으로 1895년 을미사변 이듬해 의병을 일으켜 湖南倡義盟所를 조직해 일본군과 싸웠고, 그후 고하의 집에 6년여간 피신하면서 고하에게 성리학을 가르쳤다. 고하란 號도 그가 지어 준 것이다. 그는 정미사변 후 다시 의병을 일으켰다가 일제에 붙잡혀 1908년 2월 광주에서 처형당한다.

[4] 고하선생 전기편찬위원회, 앞의 책, p.52.

[5] 고하선생 전기편찬위원회, 앞의 책, p.45.

흔적은 이후 고하의 행적과 관련하여 볼 때 거의 찾아볼 수가 없다. 전기에서 언급되는 기삼연과 관련된 고하의 행적은 사상의 측면이 아니라 인성과 기질과 관련된 것으로, 그것은 위정척사사상으로 연결시킬 수 있는 것이 아니다.

도리어 고하는 점차 유교사상에서 벗어나 한말 이래의 자강운동론자의 주장에 접근해 간다. 그 계기가 되었던 것이 부친 훈(壎)이었다. 그는 러일전쟁 후 통감부가 설치되어 조선이 사실상 일제의 식민지화해 가자, 서울에서 내려와 고향에 신학문을 수학하는 '담양학교'(潭陽學校)를 설립한다. 그리고 고하에게도 신학문의 수학을 권유한다.6) 당시 우리나라의 암울한 정세를 고민하던 고하 역시 부친의 뜻을 받아들여 신학문의 길에 들어서게 된다. 그는 17세 되던 해인 1906년 4월, 고정주(高鼎柱)가 설립한 창평의 영학숙(英學塾)에 들어갔는데, 비록 3개월 만에 그만두었지만 신교육의 경험은 그에게 신학문의 필요성을 일깨우는 계기가 되었다.7)

---

6) 壎은 고하에게 "우리가 정치를 잘못한 죄도 있지만 왜인들의 신학문이 크게 우리를 압도한 것이야. 왜인들은 일찍부터 서양문명을 받아들여서 그것으로 모든 무기를 장만하고 제도를 고쳤으므로 놀랄 만한 강국이 된 거야. 우리는 꿈을 꾸고 있었지. 우물안 개구리처럼 바깥 세상이 어떻게 발전하고 있다는 것을 통 모르고 있었단 말이야" 하면서, "이제 남은 길은 하루라도 빨리 일인들이 배운 그 이상의 신학문을 배워서 학문으로나 산업으로나 우리가 앞서서 그들을 이기는 길뿐이야"라고 신학문을 배울 것을 고하에게 적극 권유했다(고하선생 전기편찬위원회, 앞의 책, pp.48-49).

7) 고하는 英學塾에서 그의 평생 동지이자 지기인 仁村 金性洙와 만나게 된다. 仁村은 고하에게 있어 재정적 뒷받침을 해주었을 뿐 아니라, 고하가 정치적·사회적 활동을 하는 데 있어 든든한 支柱였다.

한편 이때부터 그는 <황성신문>과 <대한매일신보> 등을 구독하면서[8] 한말 이래의 실력양성론과 자강운동론에 접하게 된다. 특히 장지연, 박은식 등 유교개혁론의 입장에 서 있던 <황성신문>은 그에게 큰 자극을 준 신문이었다. 당시 <황성신문> 계열의 자강론은 국권침탈의 원인을 우리 자신의 실력부족에서 찾고 이를 극복하기 위해서는 교육과 실업을 진흥시켜 실력을 양성해야 하며, 동서고금을 참작·절충하는 방법으로 점진적으로 문명개화를 이룰 것을 주요 내용으로 했다.[9] 이러한 <황성신문>의 논지는 아직 유교적 사상의 틀에서 벗어나지 못한 고하에게 잘 받아들일 수 있는 것이었다. 특히 자강론에서 주장하는 문명개화와 실력양성의 바탕으로 애국정신의 강조와 국가의식의 고취 등은 이후에도 그에게 지속적으로 영향을 미쳤을 것이다.

하지만 고하는 한말 이래의 자강론을 제대로 소화하기도 전에 이미 일본유학을 생각하고 있었다. 그는 자강론자들과 연결되어 체계적으로 교육을 받거나 사상을 습득할 기회를 갖지 못했다. 당시 고하가 머물던 전라도는 고하가 이러한 사상적 조류를 받아들일 수 있을 만한 지리적 위치가 되지 못했다. 고하는 1907년 정미7조약으로 의병운동이 재차 일어나자 일본유학을 결심하게 되고, 일정한 준비기간을 거쳐 1908년 10월, 그의 나의 19살에 김성수와 함께 일본으로 유학길에 오르게 된다.

---

8) 金性洙는 "그는 <황성신문>, <대한매일신보> 등의 사설 같은 것을 오려 가지고 있었는데 을사조약을 통박한 '是日也放聲大哭' 같은 글을 읽고 또 읽으며 눈물을 머금는 것이었다." 동아일보사 편, 『인촌 김성수』, pp.48-49.

9) 자세한 것은 박찬승, 『한국근대정치사상사 연구』, 역사비평사, 1992, pp.69-82.

2) 일본유학과 민주주의사상의 형성

고하는 1910년 4월 김성수와 함께 와세다대학에 입학한다. 하지만 곧 찾아온 반일강점은 그에게 커다란 상처를 주었고, 그는 귀국하여 잠시 방황을 하다가 1911년 봄 재차 도일하여 메이지대학 법학부로 옮기게 된다.

대학시절 그는 대학강의보다는 당시 일본 정치계의 동향과 정치활동에 더 많은 관심을 가지고 있었다. 이는 그가 당시 일본에서 개최되는 각종 정치연설회에 적극적으로 참여하고, 각종 신문과 잡지를 애독한 것에서 잘 드러난다.[10] 이를 통해 볼 때 고하는 정규적인 교육과 함께 자발적인 행동을 통한 사회적 교육과정을 통해 자신의 사상과 이념을 형성했다고 하겠다.

그러면 그가 주로 다니던 연설회는 어떠한 연설회였으며, 어떠한 신문과 잡지를 애독했을까. 이를 통해 그는 어떠한 사상과 인식상의 변화를 가지게 됐을까. 현재로서는 이를 직접적으로 알 수는 없지만 당시 일본 정계와 사회상황을 살펴보면 대체적인 유추가 가능하다.

고하가 일본에 유학중이던 1911년에서 1915년 사이는 일본근대사에서 정치적 격변기였다. 메이지천황이 죽고 다이쇼천황이

---

10) "그런데 이 연설회 경청은 유학생 중 그 누구도 고하를 따르지 못했다. 대학강의를 거르면서까지 찾아다닌 그는 밤에 그의 하숙집에 들르면 낮에 들었던 연설요지를 마치 연사라도 된 듯 열띤 목소리로 흉내냈다. 또한 그의 하숙방에는 항상 신문, 잡지 등에 실린 논설들이 어지럽게 나뒹굴었다"(고하선생 전기편찬위원회, 앞의 책, pp.82-83).

즉위하면서 '다이쇼정변' 또는 제1차 헌정운동이라 불리는 부르주아민주주의자들의 주도 아래 민주적 정당정치를 수립하려는 국민적 운동이 전개되던 시기였다. 1890년 최초의 중의원선거를 통해 의회제도가 성립되고 정당정치가 이루어졌음에도 메이지정부의 실권은 여전히 메이지정부를 수립했던 번벌에 기반한 관료·군부·귀족원로 집단에 있었다. 물론 번벌세력들도 자본가층의 성장을 배경으로 점차 세력을 신장하는 정당주의 정치세력과 러일전쟁 후 급속히 확대되는 민중들의 권리의식의 성장을 무시할 수 는 없었다. 때문에 그들은 부분적으로는 정당주의세력들과 결합하기도 하고 정당세력들의 내각구성도 용인하게 된다.

그런데 1911년 8월 수립된 정우회 총재 사이온지(西園寺公望) 제2차내각은 1912년 7월 메이지천황이 죽으면서 위기에 부딪치게 된다. 번벌세력의 정신적 지주인 메이지천황의 죽음은 번벌세력들의 위기감과 정당세력에 대한 경계심을 크게 불러일으켰다. 특히 대륙침략을 적극 추진하던 조슈벌 중심 육군 2개 사단 증설안이 사이온지내각에 의해 거부되자, 번벌세력들은 내각 붕괴를 목적으로 육군상이 사표를 제출하고 후임 육군상의 추천도 거부함으로써 현역 무관제에 따른 내각의 자연 도각을 시도했다. 그리고 총사직한 내각의 후임으로 당시 천황의 내대신으로 있어 원칙상으로는 궁과 내각의 분리원칙에 따라 수상에 취임할 수 없는 번벌 출신의 군인관료였던 가쓰라(桂太郎)가 다시 집권하게 된다. 이런 번벌세력의 무리한 시도는 정당정치세력과 민중의 강력한 저항에 부딪치게 된다. 1912년 12월 정우회·국민당·무소속 의원과 언론인·지식인을 망라하는 헌정옹호회가 결성되어 '헌정옹호·벌족타파'를 기치로 반번벌·반원로귀족 운동이 광범하게 전개되었다. 광범한 민중의 지지 속에 운동이 폭동으로 발전될 기미가 보이자 가쓰라(桂太郎)내각은 결국 총사직하게 된다. 그리고 번벌세력과 정당정치세력의 타협 속에서 일종의 연합정권인 야마모토(山本權兵衛)내각이 들어서게 된다.

'다이쇼정변' 또는 '제1차 호헌운동'이라 불리는 이 일련의 과정에서 주도적으로 나섰던 사람들이 후쿠자와(福澤諭吉)의 게이오(慶應)의숙 출신으로 정우회의 오자키(尾崎行雄)와 국민당의 이누카이(犬養毅)를 중심으로 한 과거 입헌개진당 계열 정당정치가들이었다. 그리고 이들의 배후에는 교순사(交詢社)를 중심으로 한 미쓰이 계열 자본가들이 있었다. 이들은 각종 언론매체를 통해 또한 항의집회와 연설회 등을 통해 관료·군부·귀족원 번벌세력을 맹렬히 비난했고, 각 도시의 상공회의소도 이에 동참했다. 이들은 대체로 정치적으로는 영국식 입헌군주제, 의원내각제 실시를 목표로 하고 있었다. 그들은 귀족들의 특권을 배제하고 자유로운 경쟁의 보장과 언론을 통해 정치적 우열이 가려지는 부르주아민주주의 정치질서를 희구했다. 그렇지만 이들은 정치적 구심체이자 최고통치기관으로서 천황의 존재는 인정했고 그 대신에 입법권의 우위와 정치의 천황으로부터의 독립을 주장했다.11)

고하는 유학과정중에 이런 일본정계의 변동, 즉 특권지배층의 균열과 부르주아민주주의 정치세력의 정치적 등장, 상호 대립과 투쟁, 타협의 과정을 현장에서 지켜보게 된다. 그리고 당시 각종 언론과 대중집회를 주도하던 일본 헌정옹호회 계열의 정당인·

---

11) 이와 관련하여 1911~13년에 걸쳐 미노베(美濃部達吉)와 우에스기(上杉愼吉)를 대표적 논자로 소위 '천황기관론'과 '천황국체론'을 둘러싼 논쟁이 학계와 정치계에서 벌어졌던 상황도 유의해서 보아야 한다.

언론인들의 보수적 민주정치사상과 정치적 지향, 정치적 행동양식 등을 접하게 된다.12) 이런 경험이 고하의 사상형성 과정에 큰 영향을 미쳤을 것은 분명할 것이다.13)

고하는 1915년 메이지대학을 졸업하면서 그 동안 그가 경험했던 사상적 변화와 인식의 지평을 드러내는 글을 발표한다. 그것이 바로 1915년 5월 재일유학생 기관지 『학지광』(學之光)에 발표한 "사상개혁론"이다.

이 글에서 그는 그의 10여년에 걸친 유교교육을 반성이라도 하듯 우리의 전통적 가치관인 유교사상의 타파를 가장 먼저 강하게 주장한다. 그는 유교사상이 '모고사상(慕古思想)의 원천'으로 '인문 진보의 원리에 배치'되며, 정치적 인간인 민(民)을 수동적인 대상물로 전락시키는 '전제사상의 단서'로 '자치권리의 평등정치를 실현하는 현대조류'에 부합하지 않은 것이고, 동시에 사상자유를 특징으로 하는 현대 문명사상에 반하는 '배타사상의 표현'이라고 맹공하면서 유교사상의 타파가 시대요구의 급무라고 주장한다. 그리고 봉건적 혈연질서와 특권의식을 타파하기 위해 그 근간이 되는 봉건제 가족제와 강제연애의 타파를 주장한

---

12) 이 시기 정치가, 사상가들의 부르주아민주주의 정치사상은 부르주아민주주의사상 중 보수적 민주주의사상으로 1910년대 후반 이후 후기 다이쇼데모크라시의 중심적 인물과 단체인 요시노(吉野作造)와 여명회의 민주주의론과는 일정하게 차이를 보이고 있었다.

13) 그런데 특이한 점은 고하가 유학하던 기간이 다이쇼데모크라시 전기의 부르주아민주주의 정치사상이 일본 언론계와 사상계를 주도하던 시기라는 점이다. 사회주의와 무정부주의 등 진보적 사상은 1910년 5월 '大逆事件'으로 메이지정부의 탄압을 받아 당시에는 숨을 죽이고 있었다. 때문에 고하가 진보적 사상에 접했을 기회는 비교적 적었다.

다. 이러한 그의 주장은 그가 명백히 전통적인 유교사상에서 벗어나 있으며, 반봉건, 구사상·구관습 타파에 대한 강렬한 의지를 보여주는 것이다.

한편 그는 유교사상 대신 '국수 발휘'를 주장한다. 그는 국수(國粹)의 발휘를 일종의 단군숭배로 연결시키고 있는데, 고하가 단군숭배를 주장했던 것은 "오인의 생명을 집합하면 4천년 전의 혼전한 일체가 될지요"라는 언급에서 드러나듯이, 그가 민족적 일체감과 구심점으로 단군을 위치짓고 있기 때문이다. 그의 단군에 대한 강조는 이후에도 지속된다.

그런데 이러한 고하의 국수 발휘, 단군숭배는 대종교나 국수주의적 민족주의자들의 단군숭배, 그리고 신채호나 1910년대 무장투쟁의 국수사상과는 일정한 차이를 갖는 것이었다. 고하에게 있어 단군숭배는 민족의 단합을 이루는 상징물, 단일민족 의식을 일깨워 주는 민족 구심체의 상징 이상의 의미를 갖는 것은 아니었다. 그는 '국수' 인식을 통해 민족의식을 고무힘으로써 역으로 근대적 자각, 근대적 사상개혁을 강조했던 것이다.14) 때문에 정치사상의 지향은 여전히 전통사상 타파에 기초한 근대 민주주의 사상이며, 부르주아민주주의적 근대정치체제의 건설이었다. 이는 고하에게 영향을 미쳤던 당시 일본 자유민권 사상가, 정당정치가들이 한편으로는 영국식 의회민주주의제도의 수립을 지향하면서도, 다른 한편으로는 천황을 매개로 민족적 일체감과 근대적 자각을 고취하고, 국외적으로는 일본의 한국병합을 받아들였던 인

---

14) 1920년대 실력양성론 계열의 國粹의 내용과 특징에 대해서는 이지원, "1920년대 민족주의자들의 民族觀과 '國粹' 인식," 『金容燮敎授 停年紀念韓國史學論叢 3: 韓國近現代의 民族問題와 新國家建設』, 지식산업사, 1997, pp.456-465.

식 및 행동과 크게 무관하지 않은 것으로 보인다.
　"사상개혁론"에서 찾아볼 수 있는 그의 또 하나의 중요한 인식은 '허영교육의 타파'와 '실리교육'과 '과학실업'의 주장에서 드러나듯이 정치운동과 경제운동을 종합적으로 바라보려 했다는 점이다. 그는 우리 사회의 관리 만능적 사고를 비판하면서 진정한 정치를 하기 위해서는 허영적 사조를 타파하고 "현대는 실리문명이니 영웅은 단체로 유출(幼出)되고 정치는 생활로 변형"되었다고 하면서 일종의 경제적 실력양성에 기초한 정치운동의 전개를 주장한다. 이러한 그의 인식은 한말 이래의 자강론적 실력양성론과 그를 일정부분 연결시키는 것이면서도, 이후 자본가계급과 밀접히 연결되어 진행된 그의 운동론의 밑바탕이 되는 것이라 하겠다.

3) 3·1운동 참여와 그 영향

　고하는 1915년 귀국한 후, 김성수가 인수한 중앙학교의 학감으로 취임하면서 교육계에 발을 들여놓게 된다. 당시 고하는 1915년까지의 일본유학생 졸업자 5백여명 중 대학본과를 졸업한 단 9명에 해당될 정도로 이미 사회적으로 인정받는 지도적 위치에 있었다. 그는 일본 유학시절부터 유학생친목회(留學生親友會)의 결성과 활동을 실질적으로 주도하는 등 유학생사회에서 리더의 할을 수행했다.
　고하는 중앙학교에 있으면서 열정적으로 학생들을 지도하고 가르쳤던 것 같다. 그는 구습의 타파와 신교육과 실력양성의 필요성을 강조하고, 민족의식·민주의식을 불어넣는 데 힘을 썼다.

한편 일반사회의 민족의식을 고취하기 위해, 비록 일제의 방해로 뜻을 이루지는 못했지만 단군과 세종대왕, 이순신의 3성을 받드는 삼성사(三聖祠)건립기성회를 1917년경 조직하고 경향 각지에서 자금을 모으기도 했다. 이는 3성을 민족단결의 구심체로 부각시킴으로써 민족적 자각과 근대적 개혁의 필요성을 역설하기 위해서였다. 대체적으로 볼 때 일본에서 귀국 후 3·1운동까지 고하의 활동은 구관습·구사상을 개혁하고 실력을 양성하여 독립의 기회를 기다린다는 종래의 실력양성론과 기회론의 범주에 입각한 것이었다.

그런 가운데 1918년 초 미국 대통령 윌슨이 민족자결주의를 주창하고 민주주의국가 대 전제주의국가간의 전쟁으로 비유되던 제1차 세계대전이 민주국가의 승리로 끝나면서 1919년 초에 개최되는 파리강화회의에 대한 관심과 기대가 국내외 민족주의자 사이에서 높아만 갔다. 또한 1918년 8월 쌀소동을 계기로 최후의 번벌내각이라는 데라우치(寺內正毅)내각이 무너지고, 평민 출신의 정우회 총재 하라(原敬)를 수반으로 한 정우회내각이 들어서면서 종래 무단적인 대한정책의 변화도 엿볼 수 있게 되었다. 때문에 파리강화회의와 일본을 겨냥한 국내외 민족주의세력의 활동이 활발해지는 가운데 마침내 전민족적 항쟁인 3·1운동이 1919년 일어나게 된다.

당시 30세로 중앙학교 교장이었던 고하는 김성수, 현상윤, 최린, 최남선 등과 함께 3·1운동 준비를 적극적으로 주도했다. 그는 이승훈 중심의 기독교와 천도교를 연결시키고, 민족대표를 선발하고 학생조직을 동원하는 데 중요한 역할을 담당한다. 그는 비록 독립선언서의 33인 민족대표에는 서명하지 않았지만 사실상 3·1운동의 핵심적인 인물이었다. 그가 몸담고 있던 중앙학교는 3·1운동 계획을 모의하고 추진하는 추진본부의 역할을 담당했다. 그 결과 그는 3월 중순 일경에 체포·구속되게 된다.

고하는 1년 7개월간의 옥살이를 한 후 1920년 10월 30일 경성복심법원에서 '증거불충분'으로 무죄가 선고되면서 11월 1일 출감하게 된다. 고하의 무죄는 당시 일제 치안법이 독립운동의 구체적 행위만을 중점적으로 처벌하고, 그 모의과정에 대한 처벌규정이 미약한 데 따른 것이었다. 또한 고하가 이런 법의 맹점을 이용하여 재판과정에서 3·1운동 준비과정에서의 주도적 역할을 부정했기 때문이다.

고하는 출감 직후 서울에 머물지 않고 곧바로 향리에 내려간다. 그가 구미 시찰이나 신문사 일을 같이 하자는 동료들의 권유도 뿌리치고 고향으로 내려간 것에 대해 그의 전기에서는 건강과 함께 앞으로 할 일에 대한 정확한 방향을 잡을 시간적 여유를 갖기 위해서였다고 한다.

3·1운동의 경험과 그에 따른 옥고는 그의 사상과 노선에 어떠한 영향을 미쳤을까. 그의 옥중생활에 대해서는 자료가 남아 있지 않아 알 수 없으나, 그의 3·1운동에 대한 회고를 통해 일정한 변화를 엿볼 수 있다.

고하는 우선 3·1운동을 계기로 우국지사적 또는 경제적·사회적 토대가 취약한 정치운동과의 명백한 단절을 선언한다. 그는 3·1운동을 4천년간 지속되어 온 동양적 생활양식을 정신적·문화적·정치적·근본적·민중적으로 파괴·건설하려는 내재적 혁명의 폭발로 보았다. 그리고 그것은 종교적 배타운동과 정치적 근왕운동의 구시대적 한계를 극복하고 현사조에 대응한 운동으로 '구세력의 파괴와 신문화의 수립의 접촉점'이었다고 했다. 그는 3·1운동을 통해 우리 민족이 교육적 자각과 경제적 의식을 갖게 되었으며, 민족운동이 "그 내용을 일변하여 경제적 의식, 곧 생활의 토대 위에서 그 근저를 발견"했다고 평가한다.15) 이러한 인식과 평가는 그가 3·1운동을 통해 구습타파에 의한 민족적 자각과 실력양성이라는 기존 운동노선을 더욱 확고히 하는 계기가 되었다는 것을 보여준다.

다른 한편 고하는 3·1운동을 통해 대중을 지도하고 운동을 통일·지속시킬 수 있는 조직 부재에 따른 한계를 절감하게 된다. 그는 3·1운동에 대해 "선전이 부족한 것도 아니며 사상이 박약한 것도 아니건마는 최후의 공을 주(奏)치 못한 것은 물론 대세의 관계도 불무할 것이나 이 운동을 통일·계속할 만한 중심적 단결력이 부족했든 것이 불경(不謖)할 사실이다"16)고 평가한다. 이는 그가 종래 개인과 집단의 자각과 실력양성을 통해 독립의 기회를 준비한다는 것에서 더 나아가, 그 필수조건으로 대중을 자각시키고 동원하며, 운동의 전 과정을 통일적으로 지속시킬 수 있는 '중심저 단결력', 강력한 정치적 구심체의 건설이 필요하다는 것에까지 그의 인식이 이르고 있었음을 보여주는 것이다. 그렇지만 그는 3·1운동의 결과적 실패를 겪으면서 이를 보다 합법적인 형태, 실현 가능한 형태로 구상했던 것 같다. 이런 그의 인식은 1920년대 <동아일보>를 통한 '민족적 중심세력의 결집' 주장으로 나타나게 된다.

---

15) 宋鎭禹, "世界大勢와 朝鮮의 將來," <동아일보>, 1925년 8월 28일~9월 6일.
16) 宋鎭禹, "무엇보다 힘,"『개벽』제5권 4호, 1924년 4월.

3. 일제침략하 정치 · 사회활동

1) <동아일보>와 실력양성운동

고하는 1921년 1월 하순에 서울로 상경해 1920년 4월 창간된 <동아일보>에 투신한다. 그는 이후 <동아일보>가 폐간될 때까지 사장, 주필, 취체역, 고문 등으로 계속 재직하면서 <동아일보>를 이끌어 가게 된다.

<동아일보> 투신 직후 고하는 1921년 7월 30일에 결성된 '조선인산업대회'에 깊이 관여한다. 이 조직은 1921년 9월, 총독부가 한국산업정책을 수립하기 위해 산업조사위원회를 구성한다는 발표에 대응하여, 여기에서 조선인 자본가의 이해를 반영할 수 있는 정책이 수립될 수 있도록 압력을 가하기 위해 조직한 단체였다. 조선인산업대회는 총독부의 산업조사위원회가 열리기 직전 '조선인 본위의 산업정책'을 추진할 것과 '상공업 보호정책'을 수립하여 '경쟁의 참화를 제거'할 것 등의 결의문과 강령을 발표한다. 이는 1920년 회사령철폐 이후 밀려드는 일본제품에 대한 조선인 자본가들의 바램을 반영한 것이다.[17]

고하는 조선인산업대회의 중앙위원으로 참여하는 동시에 <동아일보>의 지면을 동원하여 이를 적극 지원 · 원조한다. <동아일

---

17) 박찬승, 앞의 책, pp.191-196.

보>는 수차례의 사설과 기고문 등을 통해 조선의 산업이 정치·사회적으로 보호받지 않으면 발전할 수 없다고 하면서, 이것이 한·일 양국이 공존할 수 있는 길임을 누차에 걸쳐 주장했다. 이는 정치운동을 위해서는 그 토대로서 경제적 실력양성이 필요하며, 정치와 경제의 결합, 즉 정치운동자와 자본가의 상호 긴밀한 연대를 생각했던 고하의 인식이 투영된 결과라 하겠다.

그렇지만 9월 15일 개최된 산업조사위원회는 한국 산업정책의 기본방침은 일본제국의 산업정책에 순응하는 것이어야 한다며, 이를 위한 산업정책이 추진될 것임을 분명히 했다. 이런 총독부의 방침은 산업조사위원회에 상당한 기대를 걸고 있던 한국인 자본가들에게 크게 실망을 안겨 주는 것이었다. 이에 따라 <동아일보>는 총독부의 정책을 맹비난하면서 한국인 자본가들에게도 이제 한·일간의 '경제적 전쟁'이 시작되었기 때문에 이를 위해 분발할 것을 촉구한다.[18]

이렇게 일본상품의 침투에 대응해서 조선산업을 발전시켜야 한다는 당시 민족주의자들의 인식은 주지하다시피 물산장려운동으로 발전한다. 그 결과 1923년 1월, 각 방면의 사회인사, 언론인, 상공인들뿐만 아니라 일부 재력 있는 친일인사까지도 참여한 가운데 '조선물산장려회'가 창립되었고, 이들의 경제적 실력양성운동은 전국적 규모에서 광범한 지지를 받았다.[19] 하지만 물산장려운동은 여러 난관에 봉착하면서 곧 열기가 식게 되어 1924년에 이르면 거의 활동중단 상태에 들어간다.

---

18) "産業調査會의 決議案," <동아일보>, 1921년 9월 23일.
19) 물산장려운동의 추진주체와 과정에 대해서는 방기중, "1920·30년대 朝鮮物産奬勵會 硏究,"『國史館論叢』 67, 1996 참조.

당시 <동아일보>는 각 논설과 기사 등을 통해 물산장려운동에 대한 적극적 지지를 표명하고 이를 지원하고 나섰는데, 정작 <동아일보>의 중심인물이자 사회지도층인 고하는 물산장려운동에 직접 관여하지는 않는다. 이에 대해 당시 경성방직이 총독부에 산업보조금을 수령했기 때문에 김성수와 '일신 양면적 관계'인 고하가 물산장려운동에 참여하지 못했다는 주장도 있으나,[20] 이는 고하의 행적에 비추어 볼 때 사실과 다른 것으로 보인다. 그보다는 이미 조선인산업대회의 경험을 통해 경제적 실력양성운동의 가능성과 한계를 알고 있던 고하가 그러한 실력양성운동이 가능할 수 있는 조건을 창출하는 데 더 큰 관심을 가지고 있었기 때문이었다. 즉 고하는 민족적 중심세력의 결집을 통해 민족운동의 정치적 구심체, 정치단체를 결성하고 준비하는 데 보다 주의를 기울이고 있었다. 그리고 그 일환으로 민족중심세력을 지속적으로 배출해 내고 이의 기반이 될 수 있는 민족의식을 가진 민족엘리트의 육성을 보다 시급한 것으로 생각했다. 그 결과 그는 당시 급속히 확산되던 교육적 자각과 각급 사립학교 설립운동을 바탕으로 민립대학 설립운동에 적극 나서게 된다.

이미 1922년 2월부터 <동아일보>의 지면을 통해 민립대학 설립의 필요성을 강조하던 고하는 1922년 11월 23일 발족한 민립대학기성준비회에 주도적으로 참여한다. 민립대학기성준비회는 민립대학 설립을 전국민적 운동으로 전개시킬 것을 결의했는데, 이는 민립대학 설립과정을 통해 민족적 자각과 각 지방 유력인사들의 전국적 연결을 모색하기 위해서였다. 때문에 각 군의 민간단체들에게 2~5명의 발기인 선발을 의뢰했고, 각 군에서는 지방

---

20) 심재욱, 앞의 글, p.29.

의 청년회를 중심으로 발기인의 선정이 이루어졌다. 이런 경과를 거쳐 각 지방에서 1,170명의 발기인이 선출되었고, 1923년 3월 29일 민립대학 발기총회가 개최되었다. 당시 <동아일보>는 잇달아 여러 차례에 걸쳐 적극적인 지지논설을 실어 이를 적극 후원했다.[21]

고하가 민립대학 설립운동을 통해서 얻고자 했던 자세한 것은 알 수가 없다. 그러나 당시 발표된 <동아일보>의 주장으로 미루어 볼 때 민립대학 설립운동은 <동아일보>에서 지속적으로 주장한 '민족적 기치하의 대단결', '민족적 중심세력의 결집'과 무관한 것이 아니었다. 고하는 민립대학 설립운동을 통해 미래의 민족엘리트를 배출하는 동시에 전국 각지의 민족주의세력의 연결과 결집, 민중들의 민족적 각성과 민족운동의 부흥을 꾀하는 계기로 모색하려고 했다. 그리고 다른 한편으로는 사회주의사상의 유입에 따라 분열과정에 있던 민족운동의 사상적 경향을 부르주아민족주의 사상의 주도 아래 통합하고자 했던 것으로 보인다.

그러나 민립대학 설립운동은 1923년 하반기부터 점차 약화되게 된다. 우선 일제는 각 지방에서의 모금활동을 직·간접적으로 방해했고, 민립대학기성회의 취지를 선전하는 강연회도 중단시켰다. 그리고 민립대학 설립운동에 대항하여 1923년 11월 관립대학 창설위원회를 발족하고 1924년 4월 경성제국대학을 사실상 개교했다. 운동 내적으로도 지방조직의 결성이 계획대로 진척되지 못

---

21) <동아일보>, "民立大學의 期成總會──全道各郡의 참가를 要望," 1923년 2월 23일; "民立大學 發起總會──民衆文化運動의 先驅," 3월 28일; "民立大學에 대한 吾人의 理想──新文化運動의 第一線," 3월 29일 사설 등 참조.

하고 지방 부호들의 후원도 기대에 못 미쳤으며, 당시 잇따른 자연재해로 모금도 여의치 않았다. 더구나 각 지방의 청년회 중 상당수가 1923년 봄부터 조선청년당대회에 가담해 종래의 운동노선에서 사회주의노선으로 선회하면서 지방조직이 내부 분열되어 갔다. 이렇게 하여 고하의 계획은 사실상 실패로 돌아갔지만, 그는 그 과정에서 확보된 세력과 힘을 바탕으로 그의 구상을 계속 진행시켜 갔다.

2) 자치론과 고하

1924년 1월 초 이광수의 "민족적 경륜"이 <동아일보>에 발표되면서 자치론을 둘러싼 민족운동 내부의 논쟁이 가열되기 시작한다. 이광수는 논설에서 "무슨 방법으로나 조선 내에서 전민족적 정치운동을 하도록 신생면(新生面)을 타개할 필요"가 있다고 하면서, 그를 위해 "조선 내에서 허하는 범위 내에서 일대 정치적 결사를 조직"하고, 이를 통해 "당면의 민족적 권리와 이익을 옹호하기 위하야 조선인을 정치적으로 훈련하고 단결"시키고, 종국에는 "민족의 정치적 중심세력을 만들어서 장래 구원한 정치운동의 기초"를 만들어야 한다고 주장했다.22) 이런 합법적 정치운동을 주장하는 이광수의 논지는 그의 전력과 관련하여 타협적 민족운동, 곧 자치운동으로 일반에게 받아들여졌으며 비판적 여론이 거세게 일어났다.

당시 <동아일보>는 사설을 통해 민립대학 설립운동과 물산장

---

22) <동아일보> 1924년 1월 1일~4일.

려운동을 통일적으로 완성하기 위해 민족적 단결이 필요하고 이의 한 방법으로 정치적 결사를 주장한 것이라고 해명했지만,[23] <동아일보>에 대한 비판은 수그러들지 않았다. 그 결과 1924년 4월에는 <동아일보> 계열이 총독부 관리와 협의하여 자치운동 단체로서 연정회(研政會)를 구성하려 했다는 주장까지 제기되었고, <동아일보>는 그렇지 않다는 해명기사를 게재하게 된다. 이렇게 자치운동을 둘러싸고 한바탕 논란이 벌어지는 가운데 그 중심적 인물로 고하의 이름이 세간에 거론되게 되고, 결국 이는 고하의 <동아일보> 사장직 사퇴와 이사진의 개편으로 이어지게 된다.

그러면 당시의 고하의 행적을 살펴보도록 하자. 고하는 민립대학 설립운동이 정체기에 들어갔음에도 정치적 중심세력을 결성하기 위한 활동을 계속 진행시켜 갔다. <동아일보>를 통해 민족적 대단결과 민족중심세력의 조직·건설에 대한 주장을 지속적으로 환기시켜 갔다. 그는 '민족의 총문화를 지배하는 정치상의 유력한 발언권'이 확보되어야 한다며, 이를 위한 중심세력의 형성을 주장했다. 1924년 4월에 『개벽』(開闢)에 발표된 그의 글 "무엇보다 힘── 최근의 감(感)"이란 제목에서 상징되듯이 그는 사상과 운동노선을 실현시킬 수 있는 구체적인 단결력, 합법적인 정치단체의 건설이 무엇보다 시급한 것으로 인식했다.

그는 1923년 가을부터 최린, 김성수, 신석우 등과 누차 회합하여 '유력한 민족단체' 결성을 협의하여 갔다.[24] 그리고 이를 바탕으로 1924년 1월 중순에는 천도교의 최린, 이종린, <동아일보

---

23) "정치적 결사와 운동에 대하야," <동아일보>, 1924년 1월 29일.
24) "民族運動梗槪," 『齊藤實文書』 10, p.233.

>의 김성수, 기독교의 이승훈, 평양의 조만식, 대구의 서상일, 그 외에 신석우, 안재홍 등 16, 17명의 모임을 주선하여 정치결사의 조직문제를 협의한다. 하지만 당시 이광수의 "민족적 경륜"에 대한 비판적 여론과 자치운동에 대한 경계로 이 회합은 아무런 소득 없이 끝나고 만다.

그러면 당시 고하는 자치운동을 구상하고 있었을까. 또한 이를 총독부 관리들과 협의하여 그 일환으로 정치조직 결성을 추진했던 것일까. 이광수의 논설이 고하의 사전 허락하에 발표된 것은 분명한 사실임에도, 그러나 적어도 1924년 5월 이전 시점에서 고하가 총독부와 연계되어 자치론을 주장했다고 보기는 어렵다.

우선 총독부의 정책은 1925년까지는 내지연장주의, 참정권론의 입장에 있었다. 일본에서의 조선자치제 실시주장은 당시 대표적 민본주의자였던 요시노(吉野作造)와 여명회(黎明會) 회원 등 일부에 지나지 않았고, 조선에 참정권을 부여하자는 의견조차도 보류되던 시기였다. 당시 일본에서는 아직도 과거 번벌 군부관료들이 내각에 큰 영향력을 행사하고 있었다. 이들의 영향력이 급속히 줄어든 것은 1924년 1월 기요우라(淸浦奎吾)내각 수립을 계기로 헌정회와 정우회, 혁식구락부 등 소위 호헌3파 주도로 제2차 호헌운동이 일어나고, 1924년 5월 총선결과 호헌3파가 압승하면서 부터였다. 1924년 6월 헌정회 총재 가토(加藤高明)를 수반으로 하는 호헌3파 연립내각이 수립되면서 일본에서는 비로소 정당정치가 확립되게 된다. 때문에 아직도 번벌세력이 막강하고 강경외교정책이 시행되던 1924년 5월 이전 시기에 총독부 관리가 본국 정책을 무시하고 일본 입장에서 볼 때 유화정책인 자치제를 한국인 민족지도자들과 협의하여 마음대로 추진했다는 것은 사실과 부합하기 어렵다.

다음으로 고하의 입장에서 볼 때도 자치제 실시를 주장하기 위해서는 일본 대한정책의 일정한 변화, 그 배경으로 일본 기존 정계구도의 변화를 전제로 하는 것인데, 고하가 아직도 참정권조차 허락하지 않는 보수적인 일본정부를 상대로 분명히 내외에서 비판이 제기될 것임을 뻔히 알면서 자치제 실시를 목표로 운동을 전개했다고 보는 것은 상식적으로 납득할 수 없는 것이다. 더구나 다른 사람도 아닌 '타고난 정치가'라고 논해지는 고하가 운동을 벌일 수 있는 아무런 조건과 기반도 없이 무모하게 자치제 실시를 목표로 하는 정치단체를 건설하려 했다고는 도저히 생각할 수 없다.

  적어도 1924년까지 고하가 자치제를 목표로 운동을 전개했다고 할 수는 없다. 그의 민족적 대단결, 정치적 중심세력 형성, 유력 민족단체 건설 등의 주장은 3·1운동과 실력양성운동의 경험을 거치면서 형성된 당시 민족주의자들 일반의 정치적 각성과 별 차이가 없는 것이었다. 즉 고하는 '생활문제이 최후 견전은 정치문제'이기 때문에 경제적 실력양성을 뒷받침할 정치운동의 전개를 주장했다. 또한 단결된 정치적 구심, 정치조직의 통일적 지도가 부재했기 때문에 결국 실패로 끝날 수밖에 없었던 3·1운동의 전철을 밟지 않기 위해서는, 사회의 급속한 개조와 대변화가 "그 실효를 수득(收得)함에는 그 기회가 오기 전에 상당한 준비가 있어야 할 것"[25]이라는 <동아일보>에서의 주장처럼 정치적 준비가 절실한 것으로 인식했던 것이다. 그런 의미에서 그는 국내외 정세변화에 대비한 '준비운동으로서의 정치운동', 정치적

---

25) "자각과 준비―― 오는 시대에 대하야," <동아일보>, 1924년 9월 10일.

실력양성운동을 모색한 것이라 할 수 있다. 때문에 이 지점까지 그의 주장은 민족운동기관 건설을 주장했던 당시 민족주의자들의 일반적 주장과 큰 차이를 갖는 것은 아니라고 본다.

그러나 정치적 현실주의자이자 국내외 정세변화에 대단히 민감했던 고하이기에 그의 정치적 중심 건설론은 여러 가지 가능성을 함축적으로 내포하고 있었다. 그것이 비타협적 정치운동론으로 발전할지, 아니면 자치운동론으로 변화할지는 국내외의 정세변화와 이에 대한 그의 판단에 달려 있었다. 그러나 그의 이러한 계획과 준비는 이광수의 "민족적 경륜"이 파문을 일으키면서 사실상 수포로 돌아가게 된다. 더구나 이 사건을 계기로 정치적 삶의 기반이라 할 수 있는 <동아일보> 사장에서의 퇴사는 잠시 동안의 기간이었지만 그에게 뼈아픈 것이었을 것이다.

고하는 1924년 10월 고문으로 다시 <동아일보>에 공식적으로 돌아온다. 그리고 1925년 4월에는 주필이 되어 <동아일보>를 다시 이끌게 된다. 그리고 세계의 변화를 직접 몸으로 체득하기 위해 7월 1일 하와이에서 개최된 범태평양회의에 참석했다가 8월에 귀국하게 된다. 고하는 귀국 직후 "세계대세와 조선의 장래"라는 장편의 논설을 <동아일보>에 연재한다.[26] 고하는 이 논설에서 자본주의국가인 미국과 사회주의국가인 러시아는 결국 충돌할 것이며 그 과정에 일본과 미국간의 충돌이 일어날 것인데, 그 도화선은 중국문제가 될 것이라고 전망했다. 그리고 그는 일·미간 충돌시 미국 세력하에서 조선의 해방을 희망하거나, 혹은 일·러, 일·중의 충돌을 예견하여 일·중 양국의 원조하에 민족의 자유를 희망하는 것은 조선민족의 전통적 정신에 위배될

---

26) "世界大勢와 朝鮮의 將來," <동아일보>, 1925년 8월 28일~9월 6일.

뿐 아니라 우리의 양심에 어긋나는 바라고 하면서, 자주적 행동에 의한 자주적 해결을 주장한다. 즉 "외세의 파동보다, 타력의 원조보다 중심세력의 확립과 자체 세력의 해결"이 필요하며, 이를 위해서 첫째로 복잡한 우리 사상계를 통일·정리해야 하며, 둘째로 정리·통일된 사상하에서 중심적 단결을 이루어내야 한다고 주장했다. 이런 그의 주장은 그가 이전까지 견지하고 있던 정치적 민족중심단체 결성을 국제정세와 관련하여 보다 구체적으로 제기한 것이라 할 수 있다.

그런데 고하의 외유를 전후하여 일제총독부 지배정책에 일정한 변화가 일어나게 된다. 사이토(齊藤實) 총독의 정치참모인 아베(阿部充家)와 <경성일보> 사장 소에지마(副島道正), 총독부 내무국장 오츠카(大塚常三郎) 등이 중심이 되어 조선에서의 자치제 실시를 모색하기 시작한 것이다. 이들은 자치제 실시를 총독에게 건의하는 동시에 자치제 실시를 위한 여론을 조심스럽게 조성하기 시작했다. 그리고 1925년 11월, <경성일보> 사장 소에지마는 <경성일보>에 "總督政治の根本義"란 사설을 통해 공개적으로 자치론을 주장하기에 이른다. 그런데 문제는 이 소에지마의 사설이 총독부와 사전협의하에 발표된 것일 뿐 아니라, <동아일보> 간부들과도 일정한 사전협의를 거친 것이라는 점이다.27)

총독부는 장기적으로 자치제를 실시하되 단기적으로는 한국인들의 자치운동을 일으켜서 민족운동을 분열시킨다는 구상을 하고 있었다. 당시 소에지마와 아베, 일본 중의원의원 이노우에(井上準之助) 등이 <동아일보>를 비롯해 수양동우회, 최린의 천도교 신파 인사들을 접촉하면서 자치제 실시를 은밀히 협의했다. 이에

---

27) 강동진,『일제의 조선침략정책사』(한길사, 1979), p.350.

따라 연정회 부활운동으로 알려진 자치운동이 본격적으로 대두되게 된다. 최린 등은 1926년 10월 들어 자치운동단체 발기회를 개최하려고 했으나, 비타협민족주의자들과 사회주의자들의 반대 속에 사실상 무산되게 된다.

고하는 이런 과정에 대해 어떻게 대응했을까? 당시의 국내외정세를 고려해 볼 때 대체로 고하는 자치제의 실시 가능성을 어느 정도 전망하면서 이에 대비한 합법적 정치단체 건설을 구상하고 있었던 것 같다. 그리고 그가 그런 판단을 내릴 수 있었던 것은 일본 정계의 변화이다. 제2차 헌정옹호운동으로 성립한 호헌3파 연합의 가토내각은 1925년 3월에 보통선거법을 통과시켜 유권자수를 334만에서 일시에 1,415만으로 증대시켰다. 동시에 치안유지법을 통과시켜 공산당을 제어할 수 있는 법적·제도적 장치를 만들었다. 1925년 8월에는 헌정회 단독내각이 출범했고 시데(幣原) 외상의 영미협조, 중국내정 불간섭을 표방하는 유화적 외교정책이 전개되었다. 1926년 1월에는 일본 정계인사들로 중앙조선협회(中央朝鮮協會)가 결성되어 총독부의 자치론을 지원했다. 소수내각인 헌정회는 1926년 6월 들어 의회해산과 보통선거법에 의거한 총선거 실시를 추진했고, 보통선거법 실시에 대응하여 급속히 확산된 일본 내 무산정당 단체들은 즉각적 총선거 실시를 주장하고 나왔다.

이러한 일본정계의 변화는 고하에게 조선에서의 자치제 실시를 가능하게 하는 조건으로 받아들여졌다. 그는 보통선거 실시 후 일본이 "적로(赤露)의 사회주의적 색채가 농후하여질 것인가, 혹은 미국의 자본주의가 그대로 적용될 것인가"[28]의 분기점이

---

28) "世界大勢와 朝鮮의 將來," <동아일보>, 1925년 9월 2일.

될 것으로만 인식했다. 따라서 양자 어느 경우에도 조선에서의 자치제 실시에 부정적인 것은 아닌 것으로 판단될 수밖에 없었다. 보통선거의 연기라든지 다시 군벌, 반동정치로의 회귀는 생각하지 못했다. 때문에 그는 일제의 식민정책 변화와 자치제 실시에 따라 열려지는 합법적 대중정치 공간에 능동적으로 대응해야 된다고 생각했던 것 같다.

여기가 고하의 현실주의적 정치노선과 총독부의 자치정책이 만나는 접점이었다. 이제 고하의 정치운동론은 분명 독립에 대한 열망은 포기하지 않았더라도 현실적으로는 단계적인 독립론, 즉 독립을 차후의 과제로 두고 우선 자치제 관철을 통해 정치적 자각과 훈련, 민중생활의 향상을 모색하는 독립론으로의 변화를 모색하게 된다. 이에 따라 그의 정치적 중심 건설론은 자치에 대비한 합법적 정치단체 건설론으로 바꾸어질 수밖에 없는 것이었다. <동아일보>는 1926년 10월 6일 "반성과 기회"라는 제목의 사설에서 '(자치제 실시라는―필사) 이 환경과 이 기회를 진화위복으로 만들기 위해' 일제에 대한 지금까지의 투쟁방법을 반성하고, 이제는 '민족적 일대 결심'을 하여야 한다며 당시 고하의 노선 변화를 암시적으로 드러내고 있다.

그런데 주의할 것은 이러한 고하의 정치노선이 곧바로 총독부의 자치정책을 그대로 반영하는 것은 결코 아니라는 점이다. 총독부 자치정책의 목적은 현재 구체적으로 밝혀져 있지 않다. 그러나 대체적으로 민족독립운동 세력의 분열을 조장하고 총독부가 통제할 수 있는 범위하에서의 자치의회(조선의회)의 결성을 목표로 하는 것으로 볼 수 있다.

그러면 고하와 <동아일보> 계열의 목표는 무엇이었을까. 고하나 <동아일보> 계열이 자치제 실시를 공개적으로 주장한 적이 없기 때문에, 그들의 목표가 무엇이었는가도 현재로서는 확인할 수 없다. 다만 <동아일보>에 인도 간디의 국민회의파의 비폭력 저항운동을 비롯하여 각국의 자치운동 상황이 집중적으로 보도되고 이에 대한 평가가 진행되는 상황을 통해서, 또한 당시 <동아일보>의 논조를 기조로 유추해 낼 수밖에 없다. 이를 통해 볼 때, 그들의 목표는 대체로 자치제 실시 관철을 통해 대중의 정치적 자각과 민족주의세력의 정치적 결집을 이룰 수 있는 공간을 창출하고, 결집된 힘으로 총독부와 일본정부에 한편으로는 압력을 가하고 다른 한편으로는 타협을 하면서, 조선독립의 실내용을 단계적으로 쟁취해 나가겠다는 것이 아니었는가 보인다. 그러므로 자치제라는 판을 만드는 데 있어서는 고하와 총독부간에 일정한 접촉점이 있지만, 그것을 어떠한 방향에서 어떠한 내용으로 끌고 갈 것이냐에서는 커다란 차이를 가지는 것이었다. 이런 점에서 그들의 타협성과 합법지향성을 제대로 평가해야 할 것이다.

그런데 합법적 정치조직 건설이 좌초된 후인 1926년 10월, 최린이 일본으로 건너가서 직접 일본정계를 상대로 자치제 실시를 적극적으로 추진한 데 반해, 고하는 사태의 추이를 관망하고 있었다. 그는 "국제농민본부의 조선농민에게 보내는 메세지"를 게재한 혐의로 1926년 4월 26일자로 불구속 기소중이었기 때문에 사실상 운신에 제한을 받고 있었다. 고하는 1926년 11월 13일 징역 6개월의 실형을 선고받고 다시 구금되었다가 1927년 2월에 특사로 석방되게 된다. 고하의 구속은 최린과는 달리 그가 총독부의 자치정책과 직접적으로 연결되어 있지 않고, 일정한 긴장관계를 형성하고 있었다는 것을 상징적으로 보여주는 것이었다.

고하가 옥고를 치르는 동안 1927년 2월 15일, 조선일보계의 민족주의세력들과 사회주의자들이 연합하여 자치운동을 배격하고 비타협적 운동을 전개한다는 목표 아래 신간회를 결성했다. 신간회가 결성되자 고하는 신간회에 대해 관망적 태도를 견지했다. 그는 아마 일본정계의 동향, 최린의 일본에서의 활동, 신간회 내부의 상황 등을 면밀히 주시하고 있었을 것이다.

그러던 중 일본정계는 다시 변화의 조짐을 보이고 있었다. 1927년 4월, 헌정회내각이 물러나고 육군대장 출신의 정우회 총재 다나카(田中義一)내각이 성립했다. 다나카내각은 종래 헌정회내각 시데(幣原) 외상의 대중국 유화정책을 비판하면서 강경한 대외정책을 주장했고, 그 결과 5월 말에 제1차 중국 산둥(山東)출병이 이루어지게 된다. 그리고 1927년 12월에는 유화적 식민정책을 취했던 사이토(齊藤實) 총독이 경질되고, 다나카(田中義一)의 측근인 야마나시(山梨半造) 전 육군대신이 총독으로 부임해 오게 된다. 최린은 일본에서의 활동에 별 성과를 얻지 못한 채 1927년 6월 미국과 유럽여행을 떠나게 된다.

이런 정세변화를 지켜보면서 고하는 자치제 실시가 불투명해졌으며, 때문에 이에 대비한 합법적 정치조직 건설 역시 불가한 것으로 판단했다. 때문에 그는 '민족적 총역량을 집중'시키고 민족운동의 지도권을 다시 확보하기 위해서는 불가피하게 신간회 내에 있는 민족주의자들과 연합하여야 하며, 신간회 내로 들어가는 것이 필요하다고 인식했다. 이러한 그의 생각은 그에 한정된 것만은 아니었다. 평양의 조만식과 수양동우회 계열의 인사들도 비슷한 판단을 내리고 있었다. 이에 따라 조만식이 1927년 12월 평양지회를 만들어 신간회활동에 직접 참여하기 시작했고, 고하도 1928년 1월 경성지회에 입회하게 된다. 고하의 입회는 신간회 중앙을 장악하고 있던 민족주의세력들과의 합의에 따라 '민족적 역량을 총집결'이라는 슬로건 아래 이루어진 것이었다.[29]

신간회에 입회한 후 고하는 특별한 활동을 전개하지 않는다. 신간회의 역할과 기능에 대해서 고하는 부정적이었다. 그는 전 민족의 역량을 집중시키는 민족의 대단결을 무엇보다도 강조하면서도, 그것이 일정한 사상과 이념의 지도 아래 노선의 통일과 구성원의 자기 헌신의 기초 위에서 수립될 때만이 제 역할을 담당할 수 있을 것으로 보았다. 그는 각 정치세력의 연합을 부정하지는 않았지만, 그 연합이 힘을 발휘하기 위해서는 반드시 운동노선과 방향에 대한 연합 내의 합의와 이를 주도할 조직적·사상적 헤게모니가 형성되어야 한다고 생각했다. 때문에 그가 주장한 정치적 중심세력 형성은 민족운동 내 다양한 사상적 흐름과 운동노선의 산술적 연합이 아니라 강력한 사상적·조직적 헤게모니를 가진 정치주도세력의 형성을 의미했다.

그런 점에서 민족주의세력과 사회주의세력이 수평적으로 연대해서 조직된 신간회는 그에게 불만족스러운 것이었다. 그는 민족주의세력이 확실한 주도권을 가지고 사회주의세력과의 연대가 이루어져야 한다고 생각했다. 이런 그의 인식과 주장은 운동에 대한 뚜렷한 목표제시와 노선상의 통일보다도 장래의 변화된 정세에 대비하여 연합조직 건설을 우선하는 민족주의좌파, 비타협 민족주의세력들의 일반적 정서와는 일정한 차이를 갖는 것이었다. 그럼에도 고하가 신간회 내에 머물러 있었던 것은 민족주의세력이 신간회 중앙을 장악하고 있다는 점과 당시 유동적인 국내외 정세에 비추어 볼 때 신간회가 유용한 조직으로 이용될 수 있다고 보았기 때문이다.

---

29) 한상구, "1926~28년 민족주의세력의 운동론과 신간회," 『한국사연구』 86집(1994년 9월), pp.172-180.

1929년 7월, 일본에서 민정당 하마구치(濱口雄幸)내각이 수립되고, 1929년 8월 사이토(齊藤實)가 조선총독으로 재부임하면서 자치운동은 다시 전개되기 시작했다. 이 시기 자치운동에는 천도교 신파의 최린을 중심으로 <동아일보> 간부, 수양동우회 일부 회원, 신우회의 일부 기독교세력, 신간회의 일부 간부, 청년총동맹의 일부 등 상당히 광범한 세력이 관련되어 있었다.30) 당시 총독부 문서에는 1930년 여름, <동아일보>가 각 지국 주최로 지방발전 간담회를 개최한 것이 자치제 실시에 대비하여 지방사회에서 유력자를 포섭하기 위한 것이라고 보고하고 있다.31)

　그러나 고하나 <동아일보>의 움직임은 보다 신중했다. 그는 최린 등의 자치운동에 직접 참여하거나 동조하지 않았다. 고하는 당시 자치제의 실현 가능성, 일본정계의 동향 등을 주의 깊게 살피고 있었던 것으로 보인다.

　이는 1930년대 초반 신간회 해소문제가 제기되었을 때 분명히 드러난다. 당시 자치론자들은 신간회를 해소하고 새로운 대협동기관·민족기관, 즉 자치기관 형성을 주장했다. 이에 반해 고하는 현재의 정세로 보아 신간회 해소는 깊이 생각해야 한다며 신간회를 그대로 두고 형편에 따라서 운동의 방향만을 적당히 바꿀 것을 주장했고,32) 현재에 있어서는 새로운 대협동기관 조직은 아무 필요가 없다고 주장했다.33) 이러한 그의 주장은 신간회 중앙을 장악하고 있던 김병로 등의 민족주의세력의 주장과 큰 차이가 없는 것이었다.

---

30) 박찬승, 앞의 책, pp.344-351.
31) "最近天道敎,"『齊藤實文書』, pp.10, 507.
32) 宋鎭禹, "盲目的 解消는 問題,"『別乾坤』6-2, 1931년 2월.
33) 『彗星』1-1, 1931년 3월.

고하와 자치운동과의 관련은 총독부의 조선자치 건의가 일본 정부에 의해 받아들여지지 않고, 1930년 말 자치문제가 지방제도 개정으로 일단락되면서 끝나게 된다. 고하는 자치제 실시의 가능성이 사라지자 자치운동은 사실상 무의미하다는 판단을 내린 것으로 보인다. 그에 따라 그는 문화운동으로 방향을 선회하게 된다.

3) 1930년대 민족주의 문화운동

1932년 신년 초 <동아일보>는 "民族的 中心團體 再組織의 必要와 方法"이라는 제호하에 각계 인사들의 민족운동과 신간회 해소 이후 민족중심단체 재결성에 대한 의견을 게재했다.34) 그리고 잇달아 민족문제와 민족운동에 대한 "구체적 안건에 대해서는 그 구성의 필요에 대해서나 그 구성의 요소에 대해서나 그 구성의 방안에 대해서나 민족 전체적으로는 물론이요, 부분적으로라도 명쾌하고 통일된 지침이 결여하다"35)고 하면서, 지금은 이를 위한 행동이론을 모색할 시기에 있다는 것을 주장하는 사설을 게재했다.

그 동안 민족운동을 이끌어 왔다고 자부하는 <동아일보>가 이러한 기사를 게재한 것은 다분히 의도적인 것이었다. 즉 새로운 국내외정세에 대응해서 민족운동자들이 종래의 운동방향을 정리하고 새로운 운동방향을 모색해야 한다는 것을 주장하는 동

---

34) <동아일보>, 1932년 1월 1일~4일.
35) "민족적 단합의 문제," <동아일보>, 1932년 1월 8일.

시에, 그들이 그 동안 생각하고 정리한 운동방침을 앞으로도 주장하겠다는 일종의 사전 포석이었다.

<동아일보> 계열의 우파민족주의자들은 당시의 국내외 정세 변화를 주시하면서 나름대로 전망과 그에 따른 운동방향의 전환을 모색하고 있었다. 1930년 말 지방제도 개정으로 조선에서 자치제 실시가 물건너간 후, 1931년부터 일본정계 및 국내외정세는 크게 변화하기 시작했다. 1931년 3월에는 소위 '3월사건'이라는 일본 극우 군부세력의 쿠데타 모의사건이 일어난다. 이 사건은 일본 내 군국주의세력의 성장과 지향, 일본 정당정치의 균열을 보여주는 것이었다. 1931년 6월에는 사이토(齊藤實)총독이 사임하고 '3월사건'의 배후인물로 알려진 전 육군대신 우가키(宇垣一成) 총독이 부임했다. 9월에는 일제의 만주침략이 일본군부의 주도하에 감행되었다. 10월에는 소위 '10월사건'이라는 또 한 번의 쿠데타 계획이 발각되었고, 1932년 들어 자치운동과 관련하여 한국의 우파 민족주의세력과도 관련이 있는 이노우에(井上準之助) 전 대장상과 미쓰이 재벌총수 단(團塚磨)이 극우세력에게 암살되었고, 마침내 이누카이(犬養毅) 수상이 암살되는 5·15사건이 일어났다. 이에 따라 일본의 정당정치 시대는 종언을 고하고 군국주의로의 전환이 급속히 진행되어 갔다.

이런 일련의 사태를 지켜보면서 우파 민족주의세력들은 일본의 대외정책이 강경하게 변화했으며, 조선 지배정책도 더욱 경화될 것이라는 판단을 자연히 내릴 수 있었다. 그러므로 현실적으로 독립을 목적으로 하는 정치운동, 그것이 직접적인 독립운동이든 단계적인 독립운동(=자치운동)이든 어느 것도 가능하지 않게 되었다고 보았다. 때문에 그들은 총독부와의 대립을 가급적 피하면서 합법적 공간을 최대한 이용하는 운동으로의 방향전환이 필

요하다고 보았다. 그 결과 그들은 '문화혁신'을 앞세우는 문화운동을 주장하게 된다.

<동아일보>의 한 사설은 "민족운동, 정치운동, 경제운동, 기타 온갖 운동이 새로운 기초 위에 서는 때에라야 비로소 그 진전을 볼 수 있고 성공을 볼 수 있다"고 하면서, 그를 위해 "우리는 문화의 혁신을 주창한다"36)고 하여 당시 그들의 주장을 대변하고 있다. 그리고 이런 문화혁신은 민족의 사상적 기초공사를 세우는 것으로, 조선 고유의 문화와 사상을 제고하는 것을 통해 근대 부르주아적 의식과 '조선적인 것'의 결합을 이루어내려는 것이었다.37)

이러한 우파민족주의 계열의 변화중심에는 물론 고하가 있었다. 고하는 현재의 침체된 민족운동을 다시 일으키기 위해서는 전민족의 역량을 한 곳으로 모으는 강력한 중심단체의 결성이 필요하지만, 이러한 중심단체는 첫째로 조선사람의 사상이 통일되지 못하고 분열되어 서로 반목·대립하고 있으며, 둘째로 현재의 '분규된 사상관계'와 '복잡한 주위환경' 때문에, '무용한 희생'을 피하기 위해 유력인사들이 '자중부동'(自重不動)해야 하기 때문에 조만간 이루어질 수 없다고 한다.38) 즉 사회주의자와 민족주의자들이 사상적으로 대립하는 민족운동 현실, 그리고 국내외적 정세의 변화에 따라 정치적 운동은 일제와의 대립과 희생을 초래하기 때문에, 강력한 중심단체 건설을 위한 정치운동은

---

36) "文化革新을 提唱함," <동아일보>, 1932년 4월 18일.

37) 우파민족주의 계열의 문화혁신론, 문화운동에 대해서는 이지원, "1930년대 전반 민족주의 문화운동론의 성격," 『國史館論叢』 51, 1994, pp. 164-169.

38) 宋鎭禹, "無風的인 現下 局面打開策," 『三千里』 4-4, 1932년 4월.

사실상 불가능하게 되었다는 것이다. 이에 따라 그는 종래의 정치운동에 대신해서 그의 표현을 빌리자면 정치운동의 '기본운동'이자 '준비운동'으로 문화운동을 부득불 일으킬 수밖에 없다고 한다. 그리고 그 문화운동의 내용에 대해서는 '교육기관 육성', '신문·잡지·강습회를 통한 지식의 계몽', '소비조합과 협동조합운동의 전개' 등을 주장한다. 특히 그는 민족운동 내의 사상적 대립과 불일치가 민중들의 의식과 자각이 낮은 데서 오는 것으로 보아 '민중의 자각과 문화 정도의 향상'이 사상통일을 위해 가장 중요한 것이라 주장했다.39)

이러한 고하의 인식과 주장은 <동아일보>를 통해 구체적인 운동으로 나타난다. <동아일보>는 1931년 7월부터 '브나로드운동'을 전개하기 시작했으며, 조선어학회와 함께 '조선어강습회'를 전국적으로 개최했다. 또한 한글에 대한 선양사업, 충무공유적 보존운동 등 국조신앙(國朝信仰)이나 민족 위인들의 유적지 보존운동 등이 활발히 전개되었다.

이렇게 '문화혁신'을 목표로 전개된 고하와 <동아일보> 계열의 문화운동은 다분히 계몽적인 성격이 강했다. 그들은 1910년에서 20년에 걸친 실력양성운동 기간중 제기한 봉건적인 구사상·구관습 타파론의 부분적 반성 속에 '조선적인 것'과 민족문화에 대한 탐구를 진행시켰지만, 그 목표는 여전히 대중들에 대한 계몽과 민족적 자각이었다. 때문에 대중에게 가시적으로 와 닿는 한글보급과 문맹퇴치, 유적개발 등에 운동이 집중되었다. 민족문제, 민족문화에 대한 보다 심도 깊은 접근이라든지 '조선학'의 개발 등은 그들의 관심사항이 아니었다. 그러므로 그들의 문화운

---

39) 宋鎭禹, 앞의 글.

동론의 사상적·이념적 지향은 여전히 근대부르주아적 의식에 한정되어 있었고, 민족문화에 대한 계몽은 민중의 근대적 자각을 위한 기능적·도구적 의미를 갖는 것이었다. 이는 민족문화운동을 정치운동의 준비운동으로 한정한 고하에게 있어 어쩌면 당연한 것이었을 것이다.

그러나 이러한 고하와 <동아일보>의 문화운동론도 일제가 파시즘체제로 진행되면서 제한을 받을 수밖에 없었다. 내지연장주의에 따른 민족동화정책, 민족말살정책은 합법적 틀을 최대한 이용했던 문화운동의 운동범위를 점차 앗아갔다. 때문에 1930년대 중반에 이르면 문화운동도 소강상태에 들어가게 되고, 고하의 운동적 모색도 한계에 이르게 된다. 때문에 그는 점차 운동의 일선에서 멀어져 정치적 은둔상태에 들어가게 된다.

4. 해방 전후의 정국인식과 정치활동

1) 해방정국의 인식과 국민대회준비회 결성

1940년 8월 10일 <동아일보>가 폐간된 이후 해방이 될 때까지 고하는 사실상 정치적·사회적 활동을 중단했다. 그는 동본사(東本社) 사장직을 맡고는 있었지만 실제적인 사업활동은 하지 않았다. 그는 1943년경 전국 각지를 순방하면서 전국에 흩어져 있는 <동아일보> 관련자 및 지방유지들과 만난 것이 대표적인 활동으로 손꼽힐 정도로 활동을 자중했다. 그는 이 순방에서 <동

아일보> 관련자들의 내부결속과 태평양전쟁과 일본의 패전을 전망했던 것으로 보이는데, 종전 후를 대비한 구체적인 활동을 하지는 않았다. 그리고 서울로 돌아와서는 칩거생활에 들어갔다. 고하의 전기에서 언급하듯이 이 시기 고하가 자주 접촉한 인물은 김준연, 김병로, 정인보, 장현중 등으로 제한되어 있었다. 그는 전쟁의 진행경과에 대해서는 어렴풋이 알고 있었고 일본의 패망에 대해서는 확실한 신념을 가지고 있었지만, 그가 했다는 '대책은 무책'이라는 말처럼 일제의 패망 후를 대비한 활동을 하지 않고 있었다.

그의 전기에 따르면 1944년 7월경 안재홍이 고하를 찾아와 어떤 형태든 운동을 전개할 것을 주장하자, 그는 이 시국에서는 오직 침묵만을 지켜야 하며, 움직이면 움직일수록 일본의 손아귀에 끌려 들어갈 수밖에 없다고 주장하여 둘 사이에 논쟁이 있었다고 한다.40) 정세변화에 민감했던 고하로서는 어떠한 가능성도 보이지 않던 일제 말기의 상황에서 움직인다는 것은 무모한 희생을 초래할 뿐이라는 생각을 했을 것이다. 아무튼 그는 어떠한 조직적·정치적 활동도 하지 않은 채 일본이 패망할 때만을 기다렸다.

고하에게 있어 해방은 대부분의 민족주의자들이 그랬던 것처럼 아무런 준비 없이 갑자기 다가온 것이다. 이에 반해 일제 말기 건국동맹을 결성하여 종전을 대비했던 여운형은 해방정국에 발빠르게 대응했다. 여운형은 1945년 8월 15일 일본의 무조건항복과 함께 총독부가 국내치안을 부탁하자, 이를 받아들여 조선건국준비위원회(건준)를 결성하고 행정치안을 장악했다.

---

40) 고하선생 전기편찬위원회 편, 앞의 책, pp.417-418.

그런데 여운형이 총독부로부터 치안협조 요청을 받기 전에 총독부가 고하에게 먼저 협조요청을 하고 고하가 이를 거부했기 때문에 치안유지권이 여운형에게 넘어갔다는 주장이 제기되었고, 이에 대해 그 진위 여부를 놓고 그 동안 논란이 있어 왔다.[41] 그러나 당시의 정황과 여러 자료를 종합해 보면 '치안유지권' 이양을 위한 총독부와 고하의 접촉설은 사실이 아닌 것으로 보인다.

우선 고하와의 접촉설을 주장하는 논거의 근거를 추척하면 거의 전부 김준연이 해방 1주년을 맞아 <동아일보>에 연재한 글에 근거를 두고 있다. 그러나 김준연의 글은 그 발표시점이 당시 미군정의 후원 아래 좌우합작운동을 전개하던 여운형에 타격을 가하기 위해 다분히 정치적 의도를 가지고 쓴 글로, 이 부분 외에도 사실과 다른 부분이 여럿 있다. 또한 고하가 만났다는 사람도 70세 노인인 이키타(生田淸三郞) 경기도지사를 제외하고는 총독부 보안과장과 사무관, 경기도 보안과장과 경찰부장 등 경찰관계자들이 대부분이다. 그들의 지위로 볼 때 이들이 치안권 이양 같은 극히 중대사항을 전권을 갖고 고하와 상의했다는 것은 사실과 부합될 수 없다. 이미 밝혀졌듯이 이는 여운형과는 차원이 다른 보조적 차원의 협조요청이었다.[42] 때문에 당시 이 문제의 전권을 갖고 있던 총독부 정무총감 엔도(遠藤柳作)가 이미 명백히 밝힌 바와 같이 고하와 총독부간의 직접적이고 공식적인 접촉은 없었던 것으로 보인다.[43]

---

41) 이에 대해서는 김학준, 앞의 책, pp.283-300.
42) 서중석, 『한국현대민족운동연구』, pp.197-199.
43) <國際タイムス>, 1957년 8월 13일.

당시 건준에는 안재홍 등 민족주의자들과 사회주의자들이 대거 가담했고 급속도로 그 영향력을 확대시켜 갔다. 그에 따라 김병로와 이인 등 민족주의세력도 초기에는 건준과의 협력을 꾀하기도 했다.

이런 사태전개에 대해 고하는 관망적인 태도를 취했다. 여운형은 8월 15일 해방 당일부터 이여성을 보내 고하의 건준 참여를 요청했고 자신이 직접 찾아와 함께 일할 것을 권유하기도 했지만, 고하는 이를 거절한 채[44] 사태의 추이를 관망하고 있었다.

그가 이렇게 관망적 태도를 취하고 있던 이유는 우선 종전 후의 상황에 대해 구체적 정보를 가지고 판단을 내릴 수 없었기 때문이다. 앞서 살펴보았듯이 고하는 국내외 정세변화에 대단히 민감했다. 그리고 그러한 정세변화에 맞추어 자신의 운동방침과 활동을 전개해 왔다. 정세판단이 불투명할 때는 대체로 관망적 태도를 취했다. 당시도 마찬가지였다. 해방 직후의 상황은 고하에게 모든 것이 불투명한 것이었다. 이미 한반도 깊숙이 진주한 소련군이 서울을 점령한다는 소문도 있었고, 반면 미군은 아직 오키나와에 머물러 있는 상황이었다. 연합군의 한반도처리 지침과 독립국가건설의 전망도 알 수 없었다. 이렇게 사태파악이 제대로 되지 않는 상황에서 고하가 관망적 태도를 취한 것은 그의 행적을 비추어 볼 때 지극히 자연스런 일이었다.

다음으로 고하는 건준이 좌우의 세력을 망라해서 구성한 데, 특히 공산주의세력이 다수 참여하여 핵심적 역할을 수행하는 것에 불만이었다. 이미 신간회에 대한 그의 태도에서 드러나듯이

---

44) 고하가 여운형의 합작제의를 거절한 이유에 대해서는 서중석, 앞의 책, pp.203-207.

그는 정치적 주도권과 노선이 불분명한 상태에서 망라해서 조직을 결성하는 것에 대해서는 대단히 부정적이었다. 그는 신간회의 경험을 통해 사회주의세력과의 연합에 있어서는 확실한 주도권과 발언권이 확보되어 있어야지, 그렇지 않으면 아무런 역할도 못한 가운데 분란만 초래되거나 사회주의세력에게 이용만 당한다는 생각을 하고 있었다. 때문에 고하의 입장에서 볼 때 여운형의 건준은 그 전도가 불투명하고 불안한 존재였다.

마지막으로 이미 여운형이 확고한 주도권을 확보하고 있던 건준에 뒤늦게 참가해 보아야 제대로 발언권도 확보하지 못하고 들러리 역할밖에 하지 못한다는 것도 작용했을 것이다.[45]

고하는 중경임시정부를 지지해야 한다는 명분 아래 사태를 관망했다. 고하는 8월 말 들어 남북이 미·소 양군에 의해 분할 점령되고 남한에는 미군이 진주하게 되었다는 것을 확인하면서 정치활동에 서서히 나서게 된다. 그렇지만 그가 정치활동에 전면에 나선 것은 1945년 9월 6일 공산주의자들의 주도로 조선인민공화국이 수립되면서부터였다.

김병로, 이인, 백관수 등의 건준 개조노력은 이들의 '전국유지자대회' 소집을 통한 건준 확대강화 방안에 대해 건준 내 좌파들이 반대하면서 사실상 실패하게 된다. 안재홍은 건준위원 확대안과 보안대 확충방안, 좌파세력의 건준경성지회 무단결성 문제를 둘러싸고 좌파세력과 심각하게 대립하면서 건준을 떠나게 된다.[46] 이에 따라 9월 4일 개편된 건준 지도부는 보다 좌파적 성격이 강화되었는데, 건준 내 박헌영계열의 공산주의세력은 기습

---

45) 송남헌, 『해방3년사』 1(까치, 1985), p.9.
46) 송남헌, 앞의 책, pp.45-47.

적으로 조선인민공화국 수립을 선언한다.47)

고하는 좌파의 조선인민공화국 수립에 대해 대단히 격분했던 것 같다.48) 10월 19일의 <매일신보> 기자와의 문답에서 여운형이 "인민공화국을 성립시킨 것을 잘못했다고 서면에 써서 도장을 찍어 가지고 오지 않은 한 절대로 공식회담(한민당·국민당·인민당·공산당 등 주요 4개 정당 당수회담—— 필자)에 참석치 못하겠다"49)고 한 것에서 드러나듯이, 40여일이 경과했음에도 불편한 감정을 식히지 않고 있다. 그는 섣부르게 정권을 장악하려는 공산주의자들의 책동과 그에 놀아난 여운형을 대단히 불쾌하게 여기고 있었다. 그의 인민공화국에 대한 비판의 논지는 미군이 남한에 진주하는 객관적 정세하에서 자주독립을 할 수 있는 유일한 길은 '민주주의적 민족국가'를 건설하는 것이고, '적색정권'을 수립해서는 결코 독립할 수 없다는 것이었다.50)

이제 고하는 본격적으로 정치일선에 뛰어들게 된다. 9월 4일 '임시정부 및 연합군 환영준비회'(臨時政府及聯合軍歡迎準備會)가 결성될 때만 해도 전면에 나서지 않던 그는 인민공화국에 대항

---

47) 자세한 경과는 졸고, "해방직후 사회주의진영의 국가건설운동," 『학림』 14.

48) 좌파의 조선인민공화국 수립은 고하를 비롯한 우파에게 대단한 충격이었다. 이는 창당도 되기 전인 1945년 9월 8일 발기인 명의로 서둘러 '인민공화국'은 날조된 것이며 중경임시정부를 지지해야 한다는 강렬한 어조의 성명을 발표한 것에서도 잘 드러난다(李革 편, 『애국삐라전집』 제1집). 한민당 총무 중 한 사람인 趙炳玉도 한민당의 첫 사업은 건준과 인공을 거세하는 것이라고 명확히 주장하고 있다(趙炳玉, 『나의 회고록』, 民敎社, 1959, p.144).

49) <매일신보>, 1945년 10월 19일.

50) <서울신문>, 1945년 12월 9일.

하여 중경임시정부의 절대지지, 민족역량 총집결을 위한 국민대회 개최를 주장하며 우파세력의 통합에 적극적으로 나서게 된다. 그 결과 9월 7일 결성된 '국민대회준비회'에서는 위원장을 맡게 된다.

한편 결성을 준비중이던 장덕수·백남훈 중심의 한국국민당, 김병로·백관수·이인·원세훈·김약수·조병옥 중심의 조선민족당 결성 움직임에도 적극 개입한다. 그는 국민대회준비회의 대표 명목으로 이들 정당결성 움직임의 통합을 적극 추진하고, 여타의 부르주아민족주의 세력을 포괄하는 적극적 활동을 전개한다. 그 결과 9월 16일에 한민당이 창당되게 되고 고하는 수석총무로서 당을 대표하게 된다.[51]

고하가 국민대회준비회를 결성한 것은 여러 가지 의도가 있었던 것으로 보인다. 우선 일종의 좌파연합조직인 조선인민공화국에 대응하기 위해서는 우파의 역량을 최대한 결집시킬 수 있는 조직이 필요한데, 이는 정당형태로는 충족될 수 없는 것이었다. 그리고 급조된 조선인민공화국에 대항하기 위해서는 일정한 민주적 절차를 거친 조직결성을 표방하는 것이 명분상으로나 정치적으로 우위에 설 수 있었다. 따라서 국민대회를 개최하는 형태를 띠는 것이 적절할 것으로 판단했다. 이 경우 한민당은 정치세력 연합체인 국민대회준비회의 노선상의 통일과 행동통일을 담보하는 정치적 중심세력의 위치를 갖는다.

다음으로 고하는 국민대회와 중경임시정부 지지를 내세워 인

---

51) 한민당의 창당과정과 참여인물에 대해서는 심지연, "한국민주당의 연구," 『한국민주당연구 I』(풀빛, 1982); "한국민주당의 구조분석," 『한국현대정당론』(창작과비평사, 1984); 박태균, "해방직후 한국민주당 구성원의 성격과 조직개편," 『국사관논총』 58집.

민공화국에 대항하여 우파세력을 연합시킬 수 있는 고리를 만드는 동시에 장차 임시정부가 귀국했을 때 임시정부와 연합할 수 있는 정치적 기반을 만들려고 했다. 고하는 중경임시정부의 실상과 행적에 대해 비교적 잘 알고 있었다. 국내적 기반이 전무한 임시정부로서는 귀국 후 자신을 지지하는 국내세력에 일정 정도 의존할 수밖에 없을 것이고, 그것이 전국민적 의사를 통합하는 국민대회의 형태를 가진 이상 이에 합류할 수밖에 없을 것으로 보았다. 그렇다면 비록 임시정부를 중심으로 정부가 수립되더라도 일정한 발언권을 확보할 수 있을 것이라고 생각했다.

고하는 이후 국민대회준비회를 한민당을 중심으로 각 정치세력을 결속하는 매개로 적극적으로 활용한다. 그 대표적인 것이 1945년 10월 24일 한국민주당, 국민당, 장안파 조선공산당 3당간의 공동성명 발표이다. 국민대회준비회의 주선으로 채택된 공동성명에서는 중경임시정부 절대지지와 귀환촉진을 내세우면서도, 다른 한편으로 각층 각파의 제휴·연결과 국민 총의에 의한 정식정부의 급속한 수립을 주장하고, 이를 위해 국민대회준비위원회를 결성할 것을 주장했다.52) 고하는 중경임시정부 수립과 국민대회 개최라는 것을 매개로 우파뿐만 아니라, 비록 일부이지만 공산주의세력까지도 자신의 영향력 아래 결속시키고자 했던 것이다.

---

52) <자유신문>, 1945년 10월 27일.

2) 정치활동과 모스크바삼상 결정

1945년 9월 8일 미군이 남한에 진주하고 미군정을 실시했다. 미군정은 남한 내의 어떠한 형태의 자주적 국가건설 움직임도 모두 부정하고 자신만이 유일한 정부임을 선포했다. 미군정이 실시되자 미군정의 현상유지정책과 일인관료 유임 등에 반발하여 한민당 내에서도 미군정에의 협조 여부를 놓고 김약수·원세훈과 김병로·조병옥 등간에 논란이 전개되었다. 그러나 고하에게 있어 이러한 논란은 무의미한 것이었다. 이미 남한 내 유일한 권력으로 수립되어 있고, 독립국가건설을 원조하겠다고 표방한 미군정을 배척하고 국가건설을 추진할 수는 없는 것이었다. 더군다나 상대가 그들이 지향하는 부르주아적 민주주의체제에 기초한 국가인 미국이었다는 점은 고하로 하여금 적극적 협력태도를 취하게 했다. 그리고 해방 직후 초기국면에서 미군정에 대한 협력적 태도는 당시 모든 정치세력에게 정도의 차이는 있지만 일반적인 것이었다.

고하는 하지를 비롯한 미군정관리들과 빈번한 접촉을 했고 한민당은 미군정의 주요 파트너가 되었다. 그 결과 1945년 10월 초에 미군정에 설치됐던 행정고문회의 위원들은 고하를 비롯하여 대부분 한민당원으로 구성되었다. 그러나 주의할 것은 고하가 미군정에 적극 협력했다고 해서 그가 미군정의 정책을 그대로 대변하는 종속적 존재로 전락했다고 보아서는 안 된다는 점이다. 그는 자신의 입장에서 미군정을 바라보고 있었고 자신의 판단 위에서 주동적으로 미군정에 협력하고 있었다.

1945년 10월 16일 이승만이 귀국했다. 이승만의 귀국은 그가 갖고 있는 정치적 권위와 무게 때문에 각 정치세력의 관심의 초점이었다. 좌파세력은 인민공화국의 주석으로 그를 추대한 상태였기 때문에 그를 끌어들이려고 했다. 고하 역시 이승만에게 한민당의 당수로 취임해 줄 것을 건의했다. 고하는 국내적 기반이 없는 이승만이 자신이 만든 한민당에 들어와 우익세력을 이끌도록 함으로써 민족연합전선 결성 및 정당통합에 대한 자신의 발언권을 유지하려고 했다.

  그러나 노회한 정치가인 이승만은 이를 거부했다. 이승만은 자신의 명망을 최대한 이용하여 자신을 정점으로 좌우의 정치세력 모두를 통합시키려 했다. 그는 10월 23일 각 정당 대표 2백여명을 소집하여 정당통일, 통일전선기구로서 독립촉성중앙협의회(독촉중협)를 발기했다. 이승만은 11월 4일 독촉중협 명의로 4대국에 보내는 결의서를 보냄으로써 독촉중협이 조선 내 모든 정당을 통합하는 대표기구임을 내외에 과시했다.

  이승만은 독촉중협을 임시정부 귀국 이전에 조선의 대내외 문제를 대변하는 사실상의 정부조직체로 발전시킬 생각을 하고 있었다.[53] 그리고 임시정부 귀국 이후에도 독촉중협을 모든 정치세력을 포괄하는 조직으로 발전시키려 했다.

  이승만은 1945년 12월 15~16일 개최된 독촉중협 중앙집행위원회 제1회 회의에서 독촉중협은 민의의 대표기관으로 군정부와 연락하는 '국정회의'(國務會議)이며, 장래의 정부조직체는 독촉중협을 '견실히 하는 데서 나올 것'이고, 중경임시정부는 군정이

---

53) "독립촉성중앙협의회 중앙집행위원회 제1회 회의록," 1945. 12. 15, 중앙일보 통일문화연구소.

인정하지 않아 '해산치 아니하면 안 되게 되'어 있기 때문에 독촉중협이 임정을 추대할 수는 없으며, "우리가 이것을(독촉중협—필자) 잘 조직해 나아가면 국권은 곧 올 것"이라고 주장했다.54) 이는 그가 임정까지도 독촉중협 내로 포함시켜 독촉중협을 장래 정부의 모태로 구상하고 있었다는 것을 보여준다. 이러한 이승만의 구상은 당시 미군정의 소위 랭던의 '정무위원회' 구상, 즉 한국정계 통합을 통한 미군정자문기관, 임시한국행정부 구성이라는 정책과 긴밀히 연결되어 있었다.55)

그렇지만 이승만의 이런 시도는 우선 좌파의 저항을 받았다. 박헌영과 공산당은 11월 초 연합국에 결의서를 작성하여 발송하는 과정에서부터 대립하기 시작했다. 여운형과 인민당은 11월 말 독촉중협 전형위원을 선정하는 과정에서 편파성의 문제를 제기하며 사실상 독촉중협에서 탈퇴했다.

한편 1945년 11월 23일과 12월 2일 두 번에 걸쳐 귀국한 중경임시정부(임정) 세력은 독촉중협에 가담하기보다는 자신의 법통론에 기반하여 독자적으로 세력을 확장하려 했다. 12월 중순까지 이승만과 임시정부간에는 합동을 위한 협상이 진행되었지만 아무런 성과를 내지 못하게 된다. 이렇게 독촉중협을 발전시키려는 이승만의 계획이 크게 진전을 보지 못하면서 독촉중협에 참가했던 우파민족주의세력들도 동요하게 되고, 12월 중순이 넘어서면서는 당시 거의 모든 언론들에서 공공연히 논해지듯 이승만의

---

54) 위의 자료.

55) 독촉중협에 대한 이승만의 구상과 미군정과의 관련에 대해서는 도진순, 『한국민족주의와 남북관계』(서울대 출판부, 1997), pp.43-51. 정병준, "주한미군정의 '임시한국행정부' 수립구상과 독립촉성중앙협의회," 『역사와 현실』 제19호, 1996.

시도는 사실상 실패하게 된다.

임정이 귀국하자 고하는 국민대회준비회의 대표자격으로 임정 요인을 방문했다. 1948년 12월 임정귀국 이후의 고하의 활동에서 유의해야 할 것은 그가 이승만 중심의 정계통합보다는 임정 중심으로 각 정치세력의 정계통합을 추진하고 있었고, 임정 절대지지를 내세우면서 임정 중심의 정부수립을 추진하고 있었다는 점이다.

물론 고하의 전기에 따르면 당시 고하가 임정에게 건네준 정치후원금에 친일파의 돈이 들어 있다는 것으로 수령 여부를 둘러싸고 임정측과 한민당간에 논란이 벌어지고, 한민당 장덕수의 친일 전력문제를 둘러싸고 임정 내 신익희와 장덕수간에 논란이 벌어지면서 고하가 임정에 대해 다른 인식을 갖게 되었다고 서술하는 등[56) 고하와 임정간에는 일정한 갈등이 있었던 것은 사실이다.

그럼에도 이러한 갈등은 부분적인 것이었다. 또한 이들 논란과정을 자세히 살펴보면 어느 경우에나 고하가 논란의 종지부를 찍고 임정측과 한민당측을 모두 아우르고 있다는 점이다. 정치적 목표와 주관이 뚜렷하고 정세판단이 뛰어난 고하가 그러한 정도의 문제로 임정과 갈라서고 활동을 달리했다고 볼 수 는 없다.

해방 직후 고하의 목표는 '조선인민공화국'으로 나타난 좌파의 국가건설과 정국주도권 장악 움직임을 깨뜨리고, 우파의 강력한 지도력과 헤게모니하에 모든 정치세력을 통합하여 정세변화와 이후 국가건설에 적극적으로 대응하겠다는 것이었다. 그는 한

---

56) 고하선생 전기편찬위원회, 앞의 책, pp.475-478; 이경남, 『雪山 張德秀』(동아일보사, 1981), pp.326-331.

민당만으로는 우파 헤게모니하의 정치세력 통합이 이루어질 수 없다는 것을 알고 있었다. 때문에 그는 정계통합의 상징적 중심이 필요했고 자신과 한민당은 그러한 통합에 실무적인 역할과 실제적인 영향력을 발휘하겠다는 구상을 갖고 있었다. 그러므로 그는 이승만이 귀국하고 미군정의 지지 속에 이승만이 독촉중협을 통해 정계통합을 추진할 때 이에 적극 협력했던 것이다.

그러나 이승만의 독촉중협이 정계통합의 역할을 제대로 수행하지 못하고, 특히 임정이 귀국 후 독촉중협에 가담하기보다는 임정 중심의 정치통합을 추진하자, 고하의 선택은 보다 분명해져 갔다.

임정세력 귀국 직후 임정에 대한 일반의 기대는 대단한 것이었다. 비록 개인자격의 귀국일망정 그것은 미군정과 임정의 관계이지, 일반, 특히 우파적 경향을 갖는 각 정체세력과 각 지역의 유지, 자산가들은 그 동안 정계에 큰 영향을 가졌던 좌파세력을 일거에 압도하고 새로 수립될 정부를 주도할 강력한 정치세력의 출현으로 임정을 받아들였다. 또한 미군정도 개인자격으로 임정을 귀국시켰지만 당시까지는 임정에 대해 우호적이었다.

이에 따라 고하는 한민당과 국민대회준비회를 두 축으로 임정 중심의 정계통합과 국가건설을 적극 추진하기 시작한다. 우선 12월 6일 한민당은 임시정부를 지지하는 국민운동을 전개할 것과 내정에 관한 모든 기관을 임시정부에 이양할 것, 임시정부는 인민공화국에 즉시 해산명령을 내리고 광복군을 급속히 강화시키며, 국제승인을 얻도록 외교사절을 외국에 파견할 것 등을 결의했다.[57] 고하와 백관수, 원세훈 등은 이러한 결의를 다음날 김구

---

57) <동아일보>, 1945년 12월 7일.

에게 전달하고 결심을 촉구했다.58)

한민당의 움직임과는 별도로 고하는 국민대회준비회를 내세워 임정 중심의 정계통합과 정부수립을 추진했다. 국민대회준비회는 1945년 12월 16일, 중앙집행위원회를 개최하고 1946년 1월 10일 국민대회를 개최할 것을 결정했다. 그리고 국민대회의 안건으로 임시정부 봉대, 자주독립의 즉시승인 요구, 38도선 철폐, 민족적 강기숙청(綱紀肅淸) 등을 결정했다.59) 18일에는 부장단회의를 개최하여 국민대회에 참가할 각 지역대표와 단체대표의 정수를 발표했다. 단체대표에는 한민당과 국민당 외에 공산당과 인민당에도 동일하게 10명씩의 대표를 배정했고, 종교별로 각 10명, 전평·농총에도 대표를 배정했다.60)

12월 16일에는 국민대회에서 토의할 대한민국 헌법대강을 준비하기 위해 송진우, 김병로, 이인, 김용무, 정인보 등 11명을 헌법연구위원으로 선정했다.61) 그리고 추후에 한근조, 원세훈, 안재홍, 김여식 등 10명을 추가했다.62) 이들 헌법연구위원들은 임정측과 협의하여 12월 20일 김규식, 최동오 등 임정요인들이 참석한 가운데 임정요인들의 임시숙소인 한미호텔에서 헌법기초위원회를 조직했다. 회장에는 김병로가, 부회장에는 이인이 선임되었다.63)

고하는 이러한 일련의 한민당과 국민대회준비회의 활동을 주

---

58) <동아일보>, 1945년 12월 9일.
59) <동아일보>, 1945년 12월 18일.
60) <자유신문>, 1945년 12월 20일.
61) <동아일보>, 1945년 12월 23일.
62) <동아일보>, 1945년 12월 27일.
63) 李仁, 『반세기의 증언』(명지대 출판부, 1974), p.181.

도했다. 물론 그의 이러한 활동이 임정측과의 긴밀한 연대하에서 추진된 것은 아니었다. 당시 임정은 정세를 관망하는 입장이었고 고하의 활동은 독자적인 측면이 강했다. 그가 이런 활동을 전개한 것은 임정이라는 절대적 명분(법통)과 일반대중의 광범한 신망을 갖고 있는 강력한 정치세력이 등장한 이상, 임정을 중심으로 그가 구상하던 정치세력 통합의 구상을 실현하고 자신이 그러한 통합에 핵심적인 역할을 담당하면서 영향력과 발언권을 확보하겠다는 목적이 강하게 내재되었을 것이다.

고하는 12월 19일 서울운동장에서 개최된 '임시정부개선환영대회' 환영사에서도 모든 정치문제의 해결방법은 오직 "임시정부가 중핵이 되어서 모든 아류·지류를 구심력적으로 응집함으로써 국내통일에 절대적 영도를 발휘하는 동시에 우리의 자주독립능력을 국외에 선시(宣示)하여 급속히 연합국의 승인을 요청하지" 않으면 안 된다고 하여,64) 임정에 대한 적극적인 지지와 임정의 적극적인 활동을 다시 한번 강력히 주장했다.

당시 고하의 활동에서 주의해 볼 것은 12월에 들어 고하를 중심으로 임정의 정치자금을 마련하려는 운동이 전개되었다는 점이다. 고하 주도로 12월 10일에 '대한독립애국금헌성회'가 조직되었는데, 회의에서는 12월 10일부터 12월 말까지 전국적으로 애국자금을 모집하고, 그 애국금의 처리는 임정에 일임한다고 결의했다. 여기에는 오세창, 백관수, 이갑성, 방응모, 소완규 등 100여 명이 발기인으로 참여했다.65)

더 나아가 12월 23일 오전 11시에는 임정 재정부장 조완구의

---

64) <서울신문>, 1945년 12월 19일.
65) <동아일보>, 1945년 12월 12일.

요청으로 고하와 김성수, 장택상, 김동원 등이 주도가 되어 '애국헌금회'를 국민대회준비회의 강당에서 결성한다. 조완구는 회의에 참가하여 임정의 재정상황을 설명하면서 헌금회의 적극적 활동을 주문했다. 그리고 애국헌금회와 대한독립애국금헌성회는 동일한 목적을 가진 것이라 하여 이날 오후 3시에 '애국금헌성회'란 명칭으로 통합했고, 그 중앙본부를 광화문에 있는 국민대회준비회 내에 두기로 했다. 위원장에는 오세창이, 부위원장에는 김준연과 김경식, 총무부장에는 장택상, 선전부장 설의식 등 중앙간부와 중앙위원에는 당시 대부분의 한민당계열 인물들이 망라되어 있었다. 고하는 조완구, 안재홍, 김성수, 방응모 등과 함께 고문으로 취임했다.66) 여기서 주의할 것은 12월 23일이 바로 다음에 살펴볼 임정의 '특별정치위원회'가 발족하여 활동을 개시하는 시점이라는 것이다.

이렇게 임정을 향한 고하의 활동이 활발하게 진행되는 가운데, 임정도 12월 후반에 들어 그 동안의 관망적 태도를 버리고 적극적으로 활동에 나서기 시작했다. 1945년 12월 23일 임정은 민족통일의 최고기관으로 '특별정치위원회'를 조직했다. 특별정치위원회는 조소앙, 장건상 등 7인으로 중앙위원을 구성하고 별도로 고문제를 두며, 좌우 각 계급과 각 정당, 혁명지사를 총 망라하는 것으로 계획되었다.67) 그런데 당시 언론들에서는 임정의 특별정치위원회가 이승만의 독촉중협과는 전혀 별개의 단체라는 것을 모두 언급하고 있는데, 이는 이승만과 김구 사이에서 진행된 그 동안의 합동협상이 사실상 실패했으며, 임정이 독촉중협과는

---

66) <동아일보>, 1945년 12월 26일.
67) <자유신문>, 1945년 12월 25일.

별도로 각 정치세력의 통합에 나섰다는 것을 의미하는 것이었다.

이렇게 고하·한민당, 임정의 움직임이 활발해지는 가운데 국민당의 안재홍은 독촉중협을 중심으로 한 각 정당의 협동통일이 그 방법의 졸렬함으로 실패했다고 보면서, 독촉중협이 기도했던 민족통일전선 결성은 특별정치위원회로 더욱 발전할 것이라는 담화를 발표했다. 그가 담화에서 이승만을 열렬한 애국자라고 칭송함에도 불구하고 그의 담화는 그가 참여했던 독촉중협에 대한 부정인 동시에 임정 특별정치위원회에 대한 사실상의 지지였다.[68]

이렇게 1945년 12월 말에 이르면 중도파와 우파 내 각 정치세력은 임정을 중심으로 점차 통합되어 가고 있었다. 이제 1946년 1월 10일로 예정된 국민대회가 성공리에 개최되기만 하면 우파세력 내에서 임정 중심의 민족통일전선 결성, 정치세력의 통합은 보다 확연히 가시화될 것이었다. 그리고 그 중심에는 고하가 있었다.

그런데 1945년 12월 28일 모스크바3상 결정안, 소위 신탁통치안이 국내에 전해지면서 국내정치는 소용돌이에 빠져들게 된다. 3상 결정안은 임시민주정부 수립과 5년간의 신탁통치 실시라는 이중의 의미를 갖고 있었지만, 즉시독립을 열망하던 우리 국민들에게는 실망스러운 것이었다. 때문에 임정을 중심으로 광범한 반탁운동이 전개되었다. 임정은 미군정 권력의 임정으로의 즉시이양 등을 내세우며 행정기관까지를 포함하여 전국적 파업까지 전개한다.

그런데 당시 반탁운동을 둘러싸고 김구측과 고하간에 일정한

---

68) <自由新聞>, 1945년 12월 26일.

마찰이 있게 된다. 그리고 그것은 고하가 신탁통치를 찬성했다는 소문으로 이어졌다. 그런 가운데 고하는 12월 30일 새벽 일단의 괴한들에게 총격을 받고 암살당하게 된다. 한현우 등 고하의 암살범들은 1946년 4월 9일 경기도 경찰부에 체포되었고, 그 배후인물로 지목된 전백도 7월 5일 체포되었다. 주범인 한현우는 국수주의·파시즘적 성향의 인물로 고하가 민족분열을 초래한 파벌적 인물이며 임정을 무시했고 신탁통치를 지지했기 때문에 암살했으며, 배후는 없다고 주장했다.69) 한현우는 1심에서는 무기징역을 언도받았지만 최종심에서는 15년으로 감형되었고, 한국전쟁 직후 출소하여 일본으로 밀항한다.

고하의 찬탁주장에 대해서는 그 동안 여러 가지 논란이 있어 왔다. 그가 실제로 찬탁이나 이와 비슷한 주장을 했다는 것70)에

---

69) 韓賢宇, "暗殺前夜,"『세대』, 1975년 10월.
70) 고하가 당시 찬탁을 주장했다는 논의는 고하가 일제침략기에 독립운동보다는 자치운동을 전개한 전력이 있다는 점, 미국이 신탁통치를 주장했기 때문에 외세와 결탁해 있는 고하가 이를 그대로 따를 수밖에 없었을 것이라는 점, 특히 임정측을 만나기 전 하지를 만나서 미국의 신탁통치 주장을 전해들었고, 하지의 부탁으로 임정측에 3상결정을 이해시키기 위해 임정측과 만났다는 점, 좌파측의 삐라나 문건에 기초해서 고하가 1945년 10월달에 훈정론·신탁통치 문제가 여론에 크게 문제가 될 때부터 이미 탁치론적인 성향을 보였다는 점 등을 들고 있다. 그러나 이러한 주장의 근거들은 본 연구에서 고하의 행적을 추적하면서 밝혀졌듯이 대부분 근거 없는 것이다. 고하의 일제하 자치운동 전개는 정세변화에 따른 선택이었고, 그 내용도 총독부의 자치정책과는 큰 차이를 갖는 것이었다. 그가 비록 총독부나 미군정과 연결되어 있었다 하더라도 그것은 그의 정치적 노선의 필요와 판단에 따른 것이지, 외세의 정책을 그대로 추종하는 것과는 차원이 다른 것이었다. 그

서부터 그렇지 않고 반탁을 주장했다는 것, 찬탁도 반탁도 아닌 애매한 주장이라는 등 다양한 논의가 있었다.

　그러면 고하의 신탁통치에 대한 입장을 살펴보자. 그는 이미 3상결정 훨씬 이전부터 미국 국무부 주도의 한국에 대한 다자간 신탁통치 구상을 알고 있었고 모스크바3상 결정에서의 신탁통치 주장도 미국무부의 정책과 관련되어 있다는 것을 알고 있었다. 그리고 그는 미군정과 맥아더사령부는 이런 미국무부의 정책에 반대하고 있다는 것도 알고 있었다. 때문에 미군정이 신탁통치를 한국에 실시하는 것이 조선의 현실과 적합하지 않다면, 이에 대한 대안으로 랭던의 '정무위원회' 구상을 추진할 때 이에 협조했던 것이다.71)

　고하는 삼상결정이 전해졌을 때 그가 우려하던 신탁통치 실시가 가시화되었다는 점에서 이에 적극 대응할 필요가 있다고 생각했다. 그렇지만 그는 미군정도 3상결정에 대해서는 반대입장을 갖고 있다는 것을 알고 있었기 때문에, 그는 미군정을 적으로 돌

　　는 자신의 주장과 소신을 거침없이 표현했지만 정치적으로 민감한 부분에 대해서는 대단히 말과 행동을 아끼는 사람이었다. 그는 자치운동 과정에서도 자치제 실시 주장을 공적인 자리에서뿐만 아니라 사석에서도 거의 드러낸 적이 없다. 그런 그가 해방 후 즉시독립에 대한 국민의 열망이 대단하고 신탁통치에 대한 전 국민적 반대가 드높던 그 시기에 찬탁을 주장하거나 그와 비슷한 주장을 했다는 것은 상식적으로 말이 되지 않는다. 그러한 주장이 정치적 매장을 가져올 것임을 뻔히 알면서 그러한 주장을 했을 만큼 고하는 어리석은 사람이 아니다. 그의 행적을 통해 알 수 있듯이 그는 대단히 정치적이고 현실적인 정치가이다. 당시 고하는 3상결정의 본질을 알고 있었기 때문에 그에 적합한 반탁운동을 전개하고자 했던 것이다.

71) 정병준, 앞의 글, pp.143-173.

리기보다는 미군정과 연합하여 국제적 여론의 환기를 통해 미국의 정책을 바꾸어야 한다는 생각을 가졌다. 또한 3상결정이 불가피하게 실시될 때를 대비할 필요도 있다고 생각했다.

따라서 고하의 3상결정과 신탁통치에 대한 입장은 1945년 12월 말의 시점에서 굳이 나누자면 반탁론에 서 있는 것이었다.[72] 그렇지만 그는 미군정과 극렬한 대립을 초래하는 반탁운동은 명백히 반대했다. 고하는 미군정에 의해 쿠데타로 인식될 정도의 임정의 행동이 임정의 운신의 폭을 제한하는 대단히 무모한 것이라고 생각했다. 고하가 볼 때 국제적인 반탁여론을 조성하기 위해서는 3상결정에 대해 반대입장을 갖고 있지만 본국의 훈령과 지시에 따를 수밖에 없는 미군정을 어떻게 해서든 설득하고 그들과 연합하는 것이 필요한데, 도리어 미군정과의 대립을 자초하는 임정의 반탁운동방식은 상황을 더욱 악화시키고 스스로 무덤을 파는 결과만을 초래할 것으로 보았다. 고하와 임정측의 반탁운동을 둘러싼 마찰의 초점이 여기에 있었다. 임정과 고하의 반탁을 둘러싼 마찰은 반탁과 찬탁의 문제가 아닌, 어떻게 반탁운동을 전개할 것이냐를 둘러싼 마찰이었다. 그는 특히 신익희 주도의 쿠데타계획을 적극적으로 반대했을 것이다. 실제 초기 반탁운동을 거치면서 임정은 미군정의 지지를 상실하고 기피세력으로 다루어지게 됐다.

다음으로 고하의 암살을 살펴보자. 고하의 암살 때문에 가장 큰 피해를 입은 것은 김구의 임정세력이었다. 김구는 암살의 배

---

72) 이 때문에 고하는 암살되기 바로 전날인 12월 29일자 <동아일보>에 신탁통치를 반대하고 탁치에 피 한 방울이 남지 않도록 '결사적 용투'할 것을 촉구하는 담화를 국민대회준비회 대표 명의로 게재한다.

후로 공공연히 지목되면서 큰 도덕적 타격을 받고 정치적 권위를 상실했다. 그전까지 우파 정치세력들에게 광범하게 받아들여졌던 임시정부에 대한 절대적 지지와 임정봉대 주장은 고하의 암살 이후 급속히 시들어 갔다. 당시 우파 내에서 가장 강력하고 폭넓은 정치적 기반을 갖고 있던 한민당 계열 인사들은 암살의 배후로 임정이 지목되면서 종래의 임정에 대한 지지를 철회하고 임정과 대립해 갔다.[73]

또한 고하가 죽으면서 그 동안 고하가 진행하던 임정 중심의 정계개편운동도 중단되게 된다. 전국적·전국민적 행사로 치름으로써 임정을 한국 내 모든 정치세력의 중심이자 장래 정부의 중심으로 내외에 선포하려던 1946년 1월 10일의 국민대회는 무산되었다. 이는 국내정치기반이 취약한 임정에게 있어 국내정치세력과 임정을 연결시킬 수 있는 기회의 상실을 의미했다. 또한 고하가 죽자 임정의 정치자금을 마련하기 위해 활발히 활동하던 '애국금헌성회'도 유명무실해지게 된다. 정치세력에 있어 가장 중요한 것 중의 하나가 정치자금문제라는 점에서 임정측도 대단한

---

73) 金俊淵은 고하 암살 2주년을 맞아 <동아일보>에 쓴 회고에서 고하 암살 이틀 후 한민당 2층에서 모씨로부터 "고하 암살에는 임정 가까운 측에서 한 것"이란 말을 들었다고 진술하고 있다(<동아일보>, 1947년 12월 29일). 그의 회고록에도 고하 암살 때문에 임정타도의 길로 나섰다는 진술이 있다. 이로 미루어 볼 때 고하 암살 직후부터 임정측에서 고하를 암살했다는 소문이 은밀하지만 꽤 광범하게 유포되고 있었음을 알 수 있다. 비록 당시 한민당 관계자들은 그 소문을 믿지 않으려 했거나 반신반의했겠지만 이런 소문이 유포된 이상 한민당 내의 임정 절대지지 주장은 이전과 같은 명분과 힘을 잃어버릴 것은 분명한 것이고, 실제 역사는 그렇게 진행되었다.

관심을 갖고 있었던 애국금헌성회의 사실상의 활동정지는 임정 측과 한민당계열 및 전국 각지의 자산가를 연결시키는 통로가 단절되었다는 점에서 임정으로서는 무엇보다도 큰 타격이 아닐 수 없었다.

결론적으로 보면 김구측은 고하를 암살한 만한 이유가 별로 없었다. 아니 암살 때문에 엄청난 여러 가지 피해를 보고 말았다. 반탁운동의 방법에 대한 입장차이, 그것도 냉정히 생각하면 고하의 입장을 수용할 수밖에 없는 그런 사안을 가지고 이 모든 것을 감수하면서 암살을 감행한다는 것은 김구측을 정치세력으로 인정한다면 납득할 수 없는 일이다.

그러면 누가 고하를 암살했을까. 이에 대해서는 크게 두 가지 가능성이 있다. 첫째는 한현우 등 암살범들이 임정에 대해 절대적 생각을 갖고 있었기 때문에 임정과 고하가 격론을 벌였다는 소문이 돌자 일종의 개인적 의분, 더 나아가 임정측과 선을 대기 위한 정치적 욕심에서 고하를 암살했을 가능성이다. 입신양명을 노리던 정치투기꾼들이 판치던 해방 직후의 상황 속에서, 그리고 임정이 정국의 주도권을 잡아 가고 있던 당시의 상황을 생각하면 가능할 수도 있는 일이다.

그러나 이 가설은 몇 가지 문제를 안고 있다. 우선은 암살범들과 임정계열간의 직접적인 연결고리가 없다는 점이다. 평상시 아무런 정치적 연관관계가 없는 상태에서 암살을 한다고 해서 입신양명이 가능할 수 있을까? 세계의 암살 역사를 살펴보아도 아무런 연관관계가 없는 상태에서 막연한 대가를 바라고 암살이 이루어진 경우는 거의 없다. 이것이 성립하기 위해서는 어떤 수준에서든지 연관관계가 반드시 있어야 한다. 그리고 만약 이런 연관관계가 있었다면 아마 당시의 상황에서 밝혀졌을 것이다. 쿠데타로 인식될 정도의 김구의 행동에 극도의 혐오감을 보였던 당시 미군정과 하지가 이를 가만히 좌시하지 않았을 것이기 때문이다.

다음으로는 고하의 암살범들이 여운형의 암살범들과 긴밀히 연결되어 있었다는 점이다.[74] 이들 암살범들은 상당히 체계적이고 조직적으로 결합되어 있었다. 그런데 암살조직을 유지하기 위해서는 상당액수의 자금이 필요하고, 그만한 정도의 암살조직을 비밀리에 지속적으로 유지하기 위해서는 반드시 정치적 지원과 배경이 필요하다. 이러한 후원 없이 암살조직을 지속적으로 유지한다는 것은 가능하지 않은 일이다.

더욱 재미있는 사실은 고하의 암살범인 한현우가 한국전쟁 직후 석방되자, 부산거리에 있는 김구 암살범인 안두희의 회사에서 자주 목격되었다는 미국측의 정보보고가 있다는 점이다.[75] 만약 이것이 사실이라면 한현우가 재판과정과 1975년 『세대』지에서 밝힌 암살의 가장 큰 동기 중 하나인 김구와 임정에 대한 절대적 충성심과 지지가 전혀 사실이 아니라는 점이 드러난다. 더 나아가 고하의 암살과 여운형의 암살, 김구의 암살은 무관하지 않은 일정한 연결관계를 갖고 있다는 가정이 가능하다.

한편 고하는 암살범들이 개인적인 욕심에 따라 암살대상으로 정하기에는 그가 갖는 정치적 위치와 정치적 파워가 너무 컸다. 고하는 국내 민족주의세력의 사실상의 지도자이며 강력한 구심력이었다. 그가 국내 민족주의세력 내에서 차지하는 위치는 3·1

---

74) 한현우 및 그와 관련된 극우 암살테러집단, 여운형 암살과의 관련 등에 대해서는 정병준, 『몽양여운형평전』(한울, 1995), pp.471-490 참조.
75) *Joint Weeka*, 1950년 8월 30일자 보고(제3권, p.366).

운동 이래 가히 독보적이었다. 민족주의 우파세력뿐만 아니라 안재홍 등 극히 일부를 제외하고는 민족주의 좌파세력의 주요인물 대부분이 고하와 연결되어 있었고 고하의 지도력을 인정하고 있었다.76) 고하가 국내 민족주의세력에 갖는 영향력은 이승만과 김구에 결코 뒤지지 않는 것이었다. 그러한 그를 개인적인 동기로 암살한다는 것은 가능은 하지만 대단히 어려운 일이었다.

다음으로 생각할 수 있는 가능성은 일종의 정치적 음모가 개재되어 고하가 암살되었을 가능성이다. 어느 누가 반탁운동의 방법을 놓고 고하와 임정측간에 격론이 벌어지자 이를 기화로 고하의 암살을 교사하고 그 책임을 임정측에 뒤집어씌우려 했다고 보는 가정이다. 고하는 자기 주관이 분명하고 고집이 셌기 때문에 논쟁이 벌어질 경우 격하게 자신의 주장을 토로했고 소신을 굽히지 않는 성격이었다. 그러므로 당일 임정측과의 논쟁도 상당히 격렬하게 진행되었을 것이다. 어떤 정치적 음모가 있었다면 이보다 더 좋은 기회는 없었을 것이다.

고하의 암살을 둘러싼 의문은 영원한 미스터리로 남을 것이다. 어떠한 정치적 음모가 진행되었다 하더라도 하수인에 불과한 고하와 여운형의 암살범들이 이를 알고 있을 가능성은 희박하기 때문이다.

---

76) 좌파민족주의자, 비타협민족주의자로 알려진 김병로는 사람 평가에 대단히 인색한 것으로 유명했는데, 고하에 대해서만은 1960년 10월 8일자 <동아일보>와의 회견에서 "고하 宋鎭禹가 간 뒤엔 사람이 없어"라고 회고할 정도로 남다르게 평가했다. 金炳魯의 경우 일본유학 시절 이래 고하와 여러 면에서 아주 가까운 관계였다. 고하가 정치적 은둔상태에 들어갔던 일제 말기에도 친밀하게 지속적으로 만났던 몇 안 되는 사람들 중 하나였다.

5. 맺음말

고하 송진우의 행적을 더듬어볼 때 그는 활동의 공과를 떠나 카리스마적이고 주장이 분명한 정치가였다. 그는 부르주아민주주의 사상과 정치체제에 대해 분명한 신념을 갖고 있었고, 민족의식의 고취를 통해 대중의 근대적 자각과 정치적 자각을 부단히 추구했던 인물이었다. 사회주의사상과 정치노선에 대해서는 현재의 조선 발전단계상 맞지 않는 것이라 하여 분명한 반대입장을 표명했다. 그는 일제침략 이래 해방 후까지 각 정치세력의 무원칙한 통합에는 반대하면서 노선과 입장을 같이하는 세력들간의 통합을 주장했다. 그리고 정치적 리더십을 발휘할 수 있는 정치적 중심세력 형성을 중요시했다. 그렇지만 여타 맹목적 반공주의자, 우파민족주의자들과 달리 우파의 정치적 헤게모니를 인정한다면 공산주의세력까지도 포용하는 정치력을 가지고 있었다. 그가 정치조직의 이상으로 중국국민당을 자주 언급했던 것에서 드러나듯이 근대부르주아 민주의식으로 무장하고 헌신적이고 정열적인 정치적 중핵의 헤게모니를 중심으로 다양한 정세세력을 망라하고자 했던 것이 그의 정치적 이상이었다.

그러면서도 고하는 정세의 변화에 민감한 현실주의자였다. 3·1운동 이후 정세를 바라보는 눈의 초점은 국내에 한정되어 있지 않았다. 그는 일본정계의 변화에 주의를 기울이고 있었고, 그것이 조선에 미치는 영향을 부단히 분석하고 있었다. 그리고 그러한 정세변화에 맞추어 자신의 운동방침과 노선을 변용하고 활동을 전개했다. 그렇지만 바로 그 점 때문에 그의 활동은 확실한 '가능성의 정치'에 머무를 수밖에 없었고, 타협성에 대한 문제가 제기될 수밖에 없었다.

고하는 일제침략 시기부터 해방 후까지 국내 우파민족주의세력의 강력한 구심점이었다. 때문에 그가 암살당하자 한민당은 구심력과 방향성을 상실하고 흔들리게 된다. 이제까지 정국의 한 주체로서 정국에 주동적으로 참여했던 한민당은 그 주동적 성격을 상실한 채, 이승만에 이끌려 가는 수동적 존재로 전락하고 만다. 그에 따라 당의 구심력은 더욱 사라져 가고 필연코 이승만의 가부장적·맹목적 극우노선에 반대하는 정치세력의 이탈을 초래하고 말았다. 당내 진보세력의 이탈은 한민당의 성격을 더욱 보수적으로 만들었고 한민당의 위상과 역할은 더욱 위축되었다. 이제 한민당은 정국의 종속적 변수로만 기능하게 된다. 결국 한민당은 풍부한 재원과 인력을 가지고 있음에도, 또한 미군정기와 대한민국정부 수립과정에 필요한 여러 실무적인 부분을 뒷받침했음에도 권력에서는 소외된 존재가 된다. 그리하여 그들은 그들이 전혀 의도치 않았던 정치적 야당의 길을 걸을 수밖에 없는 지경에 이르게 된다. 그리고 이런 사태 진행의 근본적 배경에는 고하의 죽음으로 인한 한민당의 구심력 상실이 크게 자리잡고 있었다.

한국현대사의 재인식 17
한국현대사인물연구 2

초판 제1쇄 찍은날 : 1999. 11. 25
초판 제1쇄 펴낸날 : 1999. 11. 30

엮은이 : 한국정신문화연구원 연구처
펴낸이 : 김 철 미
펴낸곳 : 백산서당

등록 : 제10-42(1979.12.29)
주소 : 서울 서초구 서초동 1550-14
전화 : 02)2268-0012(代)
팩스 : 02)2268-0048
이메일 : bshj@chollian.net

※ 저작권자와의 협의 아래 인지는 생략합니다.

값 6,500원

ISBN 89-7327-223-3 03300
ISBN 89-7327-212-8(세트)